Inferno Jonastal

Klaus Herber

Inferno Jonastal

Hitlers letzte Zuflucht in Thüringen
Ein fiktiver Report

escher
by
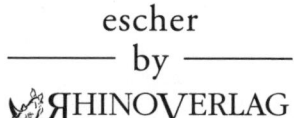
RHINO VERLAG

Bibliografische Information der Deutschen Bibliothek

Die Deutsche Bibliothek verzeichnet diese Publikation in der Deutschen Nationalbibliografie; detaillierte bibliografische Daten sind im Internet über **www.dnb.de** abrufbar.

Impressum

 © 2001 RHINO VERLAG Dr. Lutz Gebhardt & Söhne GmbH & Co. KG
Am Hang 27, 98693 Ilmenau
Tel.: 03677/46628-0, Fax: 03677/46628-80
www.RhinoVerlag.de

Layout/Satz: Dr. Reinhard Escher, Gehren
Titelgestaltung: Grafik-Design Lothar Freund, Erfurt

4. Auflage 2019

ISBN: 978-3-939399-98-8

Am Ende eines Krieges steht das Elend;
an seinem Anfang aber die Ignoranz.
Victor Hugo

Prolog

Das Jonastal bei Arnstadt schließt eine romantische Landschaft ein. Manche Stellen erinnern an die Kulissen einer Wagneroper. Nach dem Verlassen der Straße taucht der Besucher in die Stille des Tales ein, wird Teil desselben, ist nach wenigen Schritten plötzlich allein.

Am schönsten ist das Tal im Sommer, wenn die Muschelkalkklippen voller Sonnenwärme sind, wenn die Zapfen der Kiefern in der Tageshitze knackend aufspringen und der Duft des Baumharzes alle anderen Gerüche des Waldes überlagert. Dann ist kaum glaubhaft, dass dieses Tal noch vor wenigen Jahrzehnten voll Unrast, Leid und Schicksalen war, hervorgerufen von einer Generation Männer und Frauen, die heute wieder fast vergangen ist. Nur Schutthalden und Fundamentüberreste erinnern an diese Zeit.

Erreicht man das Plateau, ergießt sich der Blick in die Weite, erfasst Hecken, Felder, Wälder und Wiesen. Eine friedvolle Landschaft. Scheinbar friedvoll.

In meiner Fantasie sehe ich, wie sich irgendwo in der Landschaft vor mir die Erde öffnet, ein feuerbeschweifter Körper zum Himmel aufsteigt, um sich dort zu verlieren. Irgendwo auf der anderen Seite unseres Erdballs wird er niedergehen, um Tod und Verderben zu bringen. Tod und Verderben den Eltern und Geschwistern der Söhne, die vor diesem Tal stehen.

Den Flug der Raketen hätten amerikanische und deutsche Soldaten gleichermaßen verfolgen können. Mit welchen Gedanken?

Und wenn die Nachricht von Tod und Zerstörung die alliierten Soldaten Stunden später erreicht hätte, wären dann die Waffen niedergelegt, der Friede in letzter Minute geschlossen worden? Offene Geschichte, wir wissen es nicht.

Wir wissen nur eines: Das Verderben der Menschen hat hier seinen Anfang genommen, um schon bald darauf Unglück über die Welt zu bringen. Viele haben dabei geholfen. Viele mussten dabei helfen. Viele Schicksale haben sich dabei erfüllt.

Eine Landschaft im Wandel der Interessen

Der Ursprung des Truppenübungsplatzes Ohrdruf geht in das Jahr 1906 zurück. Hier probte die Infanterie des kaiserlichen Deutschlands und bereitete sich auf den Ersten Weltkrieg vor. Nach Ausbruch desselben und anfänglichen Erfolgen geriet man bald in Verlegenheit, die eingebrachten Massen von feindlichen Ausländern unterzubringen. Die Einrichtung von Gefangenensammelstellen, wie 1870/71 gehandhabt, genügte offensichtlich nicht mehr.

In kurzer Zeit entstanden auf Flächen, die der Heeresverwaltung gehörten oder angepachtet waren, Kriegsgefangenenlager. So auch in Ohrdruf, wo nicht nur der Truppenübungsplatz, sondern auch ein aus massiven Gebäuden errichtetes Lager vorhanden war. Nach dessen anfänglicher notdürftiger Erweiterung durch Zelte und hölzerne Baracken errichtete man bald am Hang gegenüber dem Truppenlager ein neues Lager in zwei Abschnitten, ausgerichtet auf die Unterbringung von je 10 000 Mann. Der erste Abschnitt bestand aus sieben Einzelblocks zu je zehn Mannschaftsbaracken für jeweils 120 Personen sowie Küche, Waschraum, Latrinen und Desinfektion. Das zweite Lager bestand aus zehn Holzbaracken zu je 1 000 Mann. Zu jeder Baracke gehörten Latrinen und Waschstellen. Gemeinsam für das ganze Lager waren eine große Küche, Kantine und Vorratsräume. Darüber hinaus verfügte es über eine zentrale Wasserversorgung durch eigene Leitung, eine moderne biologische Kläranlage, eine eigene Zufahrtsstraße.

Die Versorgung geschah aus der Umgebung bzw. per Bahn bis Ohrdruf und auf den Platz per Achse. Außerdem verfügte das Lager über eine Poststelle, Räume für kirchliche Zwecke der verschiedenen Konfessionen, Theater- und Lichtspielsaal, Werkstätten, Lazarette, Appell- und Versammlungsplätze und schließlich einen eigenen Friedhof.

Auch eine Druckerei zur Heraugabe einer Lagerzeitung war vorhanden.

Dem Lager vorgesetzt war der Kommandant des Truppenübungsplatzes, der, einschließlich der Wachbataillone, der Inspektion der Kriegsgefangenenlager des XI. Armeekorps in Kassel unterstellt war.

Nach dem Untergang des kaiserlichen Deutschlands trainierten die Soldaten des 100 000-Mann-Heeres auf dem Platz.

Mit dem Ende der Weimarer Republik und der Einführung der Wehrpflicht übten die Soldaten der Deutschen Wehrmacht. Neben infanteristischen und artilleristischen Manövern rollten nun auch Panzer aus der Erfurter Garnison über das Plateau.

In den Jahren 1935/36 begannen sich das Oberkommando der Wehrmacht und die Wirtschaftliche Forschungsgesellschaft Berlin für den Raum Ohrdruf, Crawinkel, Arnstadt zu interessieren. Im Rahmen von erstellten Studien wurde die kriegswirtschaftliche Bedeutung des Raumes für das Industriezentrum Erfurt sowie für die eventuell notwendig werdende Einrichtung von Sondermaßnahmen untersucht. Es muss angenommen werden, dass diese Maßnahmen der Vorbereitung der Verlagerung kriegswichtiger Industrien „in den Berg" dienten.

Solche Studien waren zur damaligen Zeit nichts Ungewöhnliches und beschränkten sich nicht nur auf den Raum Arnstadt, sondern umfassten den gesamten deutschen Raum, später auch den der eroberten Gebiete.

Begonnen wurden diese Maßnahmen mit der Einrichtung von Nachrichtenverbindungen in den betreffenden Territorien. Bei Arnstadt erfolgte demgemäß schon 1936 der Bau des unterirdischen Bunkeramtes „Olga". Nach dessen Fertigstellung und Einrichtung im Jahre 1938 begannen die Bauarbeiten am Eulenberg am Stadtrand von Arnstadt, die aber kurz vor Weihnachten 1939 wegen Grundwasserproblemen eingestellt werden mussten.

Begründet wurden die Arbeiten gegenüber der Bevölkerung als notwendig für den Ausbau des Truppenübungsplatzes. Ob das so geglaubt wurde sei dahin gestellt, ist doch auch einem militärischen Laien klar, dass zur Aufrechterhaltung eines Übungsbetriebes weder mehrere hundert Fernschreibplätze noch Verbindung zum internationalen Kabel notwendig sein dürften. In der Bevölkerung entstand zu dieser Zeit das Gerücht vom Bau einer „Reichspost".

Auszug aus Chefsache Tagebuchnummer 340/45 vom 9. März 1945, ausgefertigt durch den General der Infanterie Burgdorf, militärischer Chefadjutant des Führers:

„Auf Befehl des Führers hat Reichsführer SS im Raum Oberhof den Ausbau einer neuen Unterkunft FHQu übernommen. Mit der Durchführung ist SS-Gruppenführer Kammler beauftragt worden.

Auf Grund der gemäß Führerentscheid vorzubereitenden und teilweise durchzuführenden Verlegung des FHQu und anderer Dienststellen in diesen Raum ist eine Neuregelung der örtlichen Leitung und Lenkung von baulichen und unterkunftsmäßigen Fragen erforderlich. Im Einvernehmen von SS-Gruppenführer Kammler wird für alle auftretenden Bau- und Unterkunftsfragen sowie für Sonderzugabstellungen als dessen Vertreter der dem Chefadjutanten der Wehrmacht beim Führer unterstehende Oberst Streve, Kommandant Führerhauptquartier, bestimmt ..."

Das Tal

Das Tal verbindet die Orte Arnstadt und Crawinkel in südwestlicher Richtung. Die verhältnismäßig gut ausgebaute Straße ist sehr kurvenreich und besitzt eine Länge von zirka zehn Kilometern.

Die Bezeichnung Jonastal entstammt der Vorzeit. Ob es sich bei der Namensgebung um eine biblische Quelle oder eine Bezeichnung aus der Mythologie (Johannis) handelt, ist heute nicht mehr feststellbar.

Die Lage am Südrand des Thüringer Beckens ist von der Geologie des Trias geprägt. Muschelkalkgrundgestein herrscht vor, dementsprechend ist die Talstruktur zerklüftet, die Plateaus und Hänge neigen zur schnellen Wasserabführung und damit, besonders die südlichen Lagen, zur Austrocknung. Dementsprechend gestaltet sich die Talflora: Trockenrasen, fälschlich angelegte minderwertige Kiefernbestände, bebuschte Klippen und Steilhänge wechseln mit kahlem Geröll.

Das Klima steht stark im Einflussbereich des Thüringer Waldes, der die aus der Hauptrichtung Südwest bis West anströmenden feuchten Luftmassen anstaut und zur Überströmung zwingt. Die auf dem Gebirge abgeregneten Luftmassen fallen trocken nach dem Becken zu ein und lassen das Tal im Regenschatten. Die Regenmengen fließen, besonders bei kurzen und heftigen

Regengüssen, zu einem Großteil oberflächlich ab und versickern rasch in die Tiefe, wobei sie sich im Netz der Spalten und Klüfte des Kalks verlieren. Erst in den tieferen Buntsandsteinschichten stauen sich die Wasser wieder an und treten, oft kilometerweit entfernt, als Karstquellen wieder zu Tage.

Ist der Talbeginn gleich hinter Arnstadt von Steilhängen geprägt, läuft das Talende allmählich zwischen den Wiesen der Ohrdrufer Muschelkalkplatte aus, in deren Anschluss sich unmittelbar das Gebirge des Thüringer Waldes erhebt.

Aus der strategischen Sicht des von uns betrachteten Zeitraums ist die Tallage nicht unumstritten: Das Tal ist eng und im Prinzip von allen Seiten aus infanteristisch erreichbar. Die das Tal abschließenden Plateaus gestatten eine Bereitstellung und Entfaltung auch größerer motorisierter Verbände, die durch Luftlandetruppen gefahrlos verstärkt werden könnten. Auch eine Eroberung durch Luftlandetruppen allein wäre denkbar.

Die unmittelbare Nähe der Autobahn, gut ausgebaute Straßen und ein dichtes Schienennetz lassen die schnelle Heranführung von Panzerverbänden zu. Dies könnte von Norden und Osten her durch die Thüringer Ebene geschehen, aus Richtung Westen durch die Eisenacher Pforte. Auch der Sperrriegel des Thüringer Waldes würde kleinen und leicht motorisierten Schützenverbänden keinen Widerstand bieten.

Diese angeführten Faktoren und die vorhandenen zahlreichen Städte und Siedlungen im Umkreis des betrachteten Gebietes würden eine groß angelegte Rundumverteidigung sehr aufwändig und schwierig gestalten. Somit kann der Standort Jonastal als militärische Anlage bzw. Auffangstellung zur Einleitung und Umsetzung groß angelegter Planungen zu einer entscheidenden Wende der schon den Kern Deutschlands erreichten Kriegshandlungen im Frühjahr 1945 nur schwer verstanden werden. Es sei denn, die Planer der Talanlagen haben nicht in konventionellen Dimensionen gedacht und waren ihrer Zeit im Denken voraus ...

Auch das Fehlen einer strategischen Gesamtkonzeption für den Fall einer Niederlage Deutschlands wäre denkbar, aber kaum glaubhaft. Oder aber, die Planer verfügten über Wissen und Waffen, Potenziale und Quellen noch nie erreichter Dimensionen, geplant und gesammelt über Jahre, verwirklicht in kurzer

Zeit, eine Konzentration von Hirnen und Material an einem kleinen Punkt – dem Jonastal bei Arnstadt.

Schon seit meiner Kindheit fesselt mich dieses Tal. Zahlreiche Wanderungen und Spaziergänge haben es mir erschlossen. Neben der Romantik der Landschaft sind es die Geheimnisse und Mythen, die mit dem Tal verbunden sind und mich faszinieren.

Überhaupt hat dieses Tal schon immer etwas Unwirkliches, Unheimliches. In früheren Jahrhunderten mieden es die Leute, weil hier angeblich Dämonen und Gespenster ihr Unwesen trieben. Damals war die Landschaft noch von kahlen Berghängen geprägt, und die bizarren Felsen werden unseren unverbildeten Vorfahren schrecklich erschienen sein.

Nach der Aufforstung der Berghänge zu Beginn unseres Jahrhunderts wurden solche Eindrücke gemildert. Die einzigartige Kalklandschaft verlockte Wanderer und Naturfreunde; das Tal mit seinen Schluchten und Höhlen wurde Ausflugsziel.

Auch für den aufgeklärten Menschen barg die Landschaft noch Mythen: ein Ritter, der bei der Verfolgung einer Jungfrau vom Felsen stürzt, Höhlen, in denen fleißige Zwerge wirken, angebliche Geheimgänge, die, von den nahe gelegenen Kirchen und Burgen ausgehend, hier enden sollen.

Nach Ende des Zweiten Weltkrieges hielt uns Kinder die Mär vom Besuch des Tals ab, hier würden Wesen mit unter die Füße geschnallten Spiralfedern den neugierigen Wanderer erschrecken.

Trotzdem barg das Tal immer noch Geheimnisse: Nach dem Kriegsende munkelte man von groß angelegten Bauarbeiten an den Felshängen. Besucher wollten Stolleneingänge überdimensionaler Ausmaße passiert haben und erzählten Wunderdinge von vorgefundenen Einrichtungen und Räumen. Und als die Russen hier schließlich die Tradition des nahe gelegenen Truppenübungsplatzes fortsetzten und einzelne Teile des Tals absperrten, erzählte man von geheimen Raketenstellungen in verborgenen Schächten – was sich nach der politischen Wende auch als Wahrheit herausstellte.

Mutmaßungen und Wahrheitssuche hörten auch nicht auf, nachdem die Bundeswehr den Platz übernommen hatte. Die Geheimnisse blieben.

In fremdem Land

I

Im Wagon ist es eisig kalt. Die vier Russen haben sich in der Ecke zusammengedrückt. Daneben zwei offenbar polnische Juden. Älter schon. Alle anderen scheinen gleichfalls Juden zu sein, die Nationalitäten sind nicht erkennbar, da kaum jemand spricht. Nur schweigsames Hocken.

Ab und zu springt einer auf, um die steif gewordenen Glieder zu erwärmen. Vollkommen sinnlos und noch dazu eine Energieverschwendung. Ansonsten Apathie, Schweigen. Jeder ist mit sich selbst beschäftigt, kriecht in sich hinein, blickt nach innen. Was sollte man sich auch unterhalten? Vielleicht wie es geht, wie der gestrige Abend war, ob man gut gespeist hat? Oder sollte man sich von der Familie erzählen, Bilder zeigen, Lob über das Aussehen der einen oder anderen Frau hören, über die artigen Kinder? Alles Unsinn und Zeitverschwendung. Niemand hat Interesse füreinander. Jeder hockt vor sich hin, die Gedanken beim Essen, Trinken, Überleben. Sind wir noch Menschen?

Elf Tage geht das schon so. Wir sind auf Transport. Wohin weiß niemand. Woher interessiert niemanden. Nur das Rattern der Räder, Rangiererei auf unbekannten Bahnhöfen, das letzte Essen – klebriges Brot und eine undefinierbare Suppe – schon zwei Tage zurück. Fahrt scheinbar ohne Ziel.

Aber das ist unwahrscheinlich. Die Deutschen fahren nie ohne Ziel. Und noch dazu Häftlingstransporte. Und zu dieser Zeit. Wir schreiben Dezember 1944, und was man so gehört hat, ist für die Übersieger alles andere als ermutigend.

Unsere Lumpen wärmen nicht. Als sie mich einfingen, war ich gerade zum Einkaufen angezogen. Das Geld und den Beutel habe ich noch bei mir. Ehe ich in unserer Vorortstraße zum Lebensmittelhändler gelangte, war ich mitten in einer Razzia. Meine Festnahme erfolgte geradezu spielerisch: Die Polizisten bildeten einen Ring um die Passanten und kontrollierten die Ausweispapiere. Wer sich ausweisen konnte, durfte den Ring verlassen. Zweifelsfälle wurden ohne Diskussion in einen zweiten Ring weitergeschleust und erneut kontrolliert. Am Ende mündete diese Acht aus Polizisten im Laderaum eines Lastwagens, auf dem alle unbefriedigt verlaufenden Fälle landeten.

All das ging blitzschnell, nur begleitet von den bekannten deutschen Kommandos „los, los" und „schnell, schnell".

Von meiner Großmutter hatte ich mich nur kurz verabschiedet. Wer nimmt schon zum Einholen Ausweispapiere mit? Was sie wohl denken wird? Als ich den von SS geleiteten Polizisten meine Lage erklären wollte, sagte, dass ich Student sei, erntete ich lediglich einen Tritt in den Hintern. Und hatte dabei noch Glück. Auf dem Weg zum Bahnhof verhielt ich mich still und gehorsam. Alles andere wäre sinnlos gewesen.

„So lange man noch lebt, so lange ist noch Hoffnung" war ein Spruch meiner Großmutter. Und noch lebe ich. Ich gedenke, diesen Zustand unter allen Umständen aufrecht zu erhalten – egal, was da kommt.

Vorläufig kommt nichts. Wir halten schon wieder. Aus der Russenecke kommt die Nachricht, dass wir auf einem deutschen Bahnhof sind. Natürlich könnte es auch ein österreichischer sein. Wir sind also nach Westen gefahren, ins Reich. Was wir ausgerechnet dort sollen, weiß kein Mensch. Vielleicht brauchen sie eine neue Regierung oder neue Männer, wo doch die deutschen zur Zeit kein Familienleben haben? Nutzlose Gedanken, es geht weiter.

Von meiner Großmutter habe ich die Innenbeschau gelernt. Ich kann mich zurückziehen in eine andere Welt, in mich selbst. Und ich habe gelernt, Leute zu beobachten. Ich bin neugierig auf Leute, sehe sie an, komme gern ins Gespräch und frage sie aus. Ich denke, ich habe das Zeug zum Menschenforscher – wenn es so etwas überhaupt gibt.

Ausfragen wird hier nichts. Schon wegen der Sprache. Nur beobachten und denken. Und so sitze ich inmitten des Gestanks der Anderen, sage nichts, frage nichts. Ewig können wir ja nicht mehr fahren.

Der zwölfte Tag. Der Zug hält, irgendwo werden Türen aufgerissen, wird geschrien. Ich höre das mir schon bekannte „los, los!" und „schnell, schnell!" Ein bisschen Deutsch habe ich schon gelernt. Auch unsere Tür wird aufgerissen, ein Schwall kalter Luft lässt mich noch mehr frieren, wir steigen aus.

„Wir steigen aus" ist nicht der richtige Ausdruck: Wir werden aus dem Wagon gestoßen, fallen und stolpern auf die Rampe. Um uns her Hektik, Schreien, Stoßen. Einige bleiben im Wagon, können nicht aufstehen oder leben nicht mehr. Ich komme nicht zum Umhersehen, lande in einer sich formierenden Kolonne. Wieder in der Mitte. Die scharfe Luft macht mich zittern. Den Kopf zwischen den Schultern, stehen wir und warten auf das Kommende. Ist es Morgen, ist es Abend? Ich weiß es nicht.

Der Bahnhof ist klein. Im trüben, winterscharfen Dunst sind Häuser zu erkennen, hinter den Gleisen, entfernt, Wälder. Die Häuser haben dunkle Fassaden, sehen feindlich und finster aus. Die Kolonnen haben sich formiert, unsere Fünferreihen werden gezählt, die SS-Posten ziehen sich um die Kolonne, wir marschieren los. Eigentlich bedeutet Marschieren etwas Forsches, Junges, Elitäres. Das trifft auf uns nicht zu. Wir stolpern, schlurfen in unserer Müdigkeit und unserem unsagbaren Hungergefühl. Und frieren. Kaum einer mit ausreichender Winterbekleidung. Marschierer aus ganz Europa, zusammen in einer Kolonne in einer unbekannten Welt.

Es geht um den Ort herum, wir überqueren Bahngleise, eine Straße, tauchen in einen Wald ein. Nach kurzem Weg ein hoher Stacheldrahtzaun, ein sich öffnendes Lagertor, ein Platz. Um den Platz Baracken, etwas entfernt Zelte und Bunker. Und Musik! Man empfängt uns tatsächlich mit Musik! Auf einem Podium sitzen Figuren in ordentlicher Häftlingskleidung und spielen. Später werde ich erfahren, dass solche Widersinnigkeiten zum Konzept gehören und den Eindruck von gehobenem Alltag erwecken sollen. Heute aber spielt man zu unserer Begrüßung. Wir sind also willkommen. Nur wofür, kann ich bis jetzt nicht feststellen.

Erneutes Antreten, erneutes Zählen. Das scheint hier eine Manie zu sein. Die Deutschen sind Zahlenmenschen. Und sie haben Disziplin! Zivilisten melden das Zählergebnis einem SS-Offizier, der vergleicht, hakt auf einer Liste kolonnenweise ab. Im anbrechenden Morgen sehe ich, dass wir hunderte sind.

Das Stehen fällt immer schwerer, Einzelne kippen um, werden aus der Kolonne herausgezogen. Dann das Kommando zur Essenausgabe. Wir stellen uns vor einer Küchenbaracke an und erhalten in Blechnäpfen Kaffee, zwei Scheiben Brot, darauf je einen Klacks Margarine und Marmelade. Jeder isst da, wo er gerade geht und steht. Die meisten setzen sich trotz der Kälte auf die Erde, lehnen sich an die Barackenwände an, schlingen, genießen. Das erste Essen seit Tagen. Nach dem Essen werden wir zur Latrine geführt, dann wieder Antreten auf dem Platz. Es ist hell geworden. Ich sehe mich in meiner Kolonne um. Neben und vor mir die Russen aus dem Wagon. Alte Reisebekannte.

Kommandos, ein Ruck geht trotz der Müdigkeit durch die Formation, es geht los. Anfänglich marschieren wir am Ortsrand entlang, dann auf einer Landstraße. Links und rechts der Straße Hügelland, das die weitere Aussicht versperrt. Nach einigen Kilometern Kiefernwald links und rechts der Straße felsige Hänge, steil nach beiden Seiten ansteigend.

Auf der Straße herrscht reger Verkehr, Baufahrzeuge überholen und kommen uns entgegen. Die Füße werden immer schwerer, aber die uns bewachenden SS-Leute dulden keine Verzögerung. Es geht immer weiter.

Wir verlassen die Straße, biegen in einen Waldweg ein, ein kleines Tal tut sich auf. Auf seiner Höhe ein Barackenlager, eingezäunt und bewacht. Wir marschieren durch das sich öffnende Tor, werden gezählt. Karrees werden eingeteilt, eine Gruppenbildung ist schon erkennbar. Die Lagerordnung wird verlesen, nach jedem Absatz übersetzen bereitstehende Dolmetscher polnisch, ungarisch, italienisch, griechisch und russisch. Die Juden sehe ich nicht. Einweisung: Grüßen der SS mit angelegten Händen und gezogener Kopfbedeckung. Vorgesetzte: Blockältester, Stubenältester, Kapo, Lagerältester. Strafregister. Arbeit in drei Schichten, Wecken um drei Uhr für die Tagschicht morgens, morgendlicher Zählappell, Frühstück, nach fünfzehn Minuten Abmarsch zur Baustelle, Arbeit bis halb fünf, Rückmarsch, Zählappell, Abendessen, Nachtruhe um zweiundzwanzig Uhr. Nur zur Arbeit und nur mit besonderer Genehmigung durch Meister und Wachhabenden darf das Lager verlassen werden. Schon das Sichnähern an den Lagerzaun wird als Fluchtabsicht gewertet und bestraft. Die uns bewachende SS darf nicht angesprochen werden. Auf Flucht steht die Todesstrafe. Auch der Arbeitsbereich darf nicht ohne Genehmigung verlassen werden, Fluchtstangen markieren ihn. Abmelden zur Notdurft oder bei besonderen Problemen beim Meister. Vergünstigungen: Wertmarken für gute Arbeit, Angehörige dürfen Pakete schicken, jeder Häftling darf einmal im Monat einen Brief von fünfzehn

Zeilen („mir geht es gut, ich bin gesund") und eine Postkarte an seine Lieben daheim schreiben, von der gleichen Adresse kann man zweimal im Monat Post empfangen. Bettelbriefe verboten.

Es folgt die nicht endenwollende Erfassung der Personalien. An einzelnen Tischen einer leergeräumten Baracke sitzen Häftlinge und SS-Chargen, füllen unsere Fragebogen aus. Erst jetzt sind wir endgültig in Deutschland angekommen.

Unser Blockältester ist ein reichsdeutscher Polizeihäftling. Aber das erfahre ich erst später, nachdem ich meine Studien aufnehmen konnte. Vorläufig lernen wir erst ihn und unseren deutschen Meister, Herrn Bock, kennen. „Herr Bock" oder „Meister" ist seine Ansprache. Er wird unserem zwanzig Mann starken Arbeitskommando vorstehen, ist der Chef. Beim Verlesen unserer Namen erkenne ich, dass das Kommando aus Ungarn, Russen, Polen und zwei Reichsdeutschen besteht. Ich bin, wie die neunzehn anderen auch, ab sofort in der Zimmerei beschäftigt. Ob gut oder schlecht, warum und wieso weiß ich nicht, erst einmal abwarten. Der biblische Josef war auch Zimmermann.

Die SS-Wachen umgeben uns schweigend, bilden ab jetzt unsere ständige Begleitung, lassen uns nicht aus den Augen. Eine trübe Sonne steht schon hoch am Himmel, und wir stehen immer noch. Die lange Fahrt, das Marschieren, das Stehen haben uns apathisch gemacht. Kaum, das wir noch den Sinn des Gehörten verstehen. Wir sind eine kraftlose, total ermüdete Menschenmasse, kurz vor dem Zusammenbruch.

Ein Pfeifsignal, wir empfangen barackenweise je einen Aluminiumnapf mit zwei Henkeln und einen Löffel und werden danach zum Desinfizieren eingeteilt. Gruppenweise ziehen wir uns nackt aus, werden mit einer stinkenden Brühe abgesprüht, die Haare werden geschnitten, danach bekommen wir unsere zwar warmen, aber nassen Sachen wieder und dürfen endlich in die zugeteilten Baracken. Wir werden gruppenweise auf vierstöckigen Pritschen mit dünner Strohauflage verteilt, jeder erhält einen Tischplatz und sein Schrankfach zugewiesen, je zwei Mann bekommen eine Decke. Nach kurzen Rangeleien sind nur noch Schlafgeräusche zu hören, wir sind erschöpft und apathisch. Der Schlaf ist so tief, dass wir die Winterkälte und die Enge vergessen.

Es ist schon dunkel, als man uns erneut weckt. Essenausgabe. Eine Gruppe Häftlinge bringt Kübel mit einer dünnen Suppe und Brot.

Die Zeit bis zur Nachtruhe dient dem gegenseitigen Kennenlernen. Es wird in Zukunft stufenweise erfolgen: von Pritsche zu Pritsche, Gang zu Gang, innerhalb der Baracke, zwischen den Baracken. Meine drei Bettennachbarn sind Grieche, Russe und Italiener. Sie tragen Häftlingskleidung. Alle drei kommen aus Konzentrationslagern und sind erstaunt, dass ich direkt von einer Razzia hierher komme. Ich werde als Jüngster gleich unter die Fittiche genommen. Ich sehe überwiegend Häftlingskleidung in der Baracke, daneben Uniformreste an Kriegsgefangenen und Zivilkleidung, zu deren Trägern auch ich gehöre. Es herrscht ein babylonisches Sprachengewirr, Landsleute finden sich. Immer wieder werden mir unbekannte Namen wie Buchenwald, Sachsenhausen, Stutthof, Plaszow, Dachau, Auschwitz, genannt. Zum großen Teil handelt es sich um schon mehrjährige Lagerhäftlinge. Ich muss meine Neugier zügeln, denn sie sind nicht gerade mitteilsam. Bei den „Zivilisten" in der Baracke handelt es sich entweder um Polizeihäftlinge oder um Kriegsgefangene, zum großen Teil Russen. Einzelne Häftlinge tragen ihre Herkunft offen zur Schau: ein großes OST, weiß auf blauem Grund, aufgenäht auf der linken Brustseite, verrät den Ostarbeiter, ein knallgelbes P in einem purpurvioletten, auf der Spitze stehenden Karo den Polen, das auf den Rücken gemalte KG steht für den Kriegsgefangenen. Der Rest der Nationen muss ohne Kennzeichnung erraten werden.

Zunächst versuchen sich die Nationalitäten zu finden und kapseln sich voneinander ab. Mit der Zeit werde ich erfahren, dass Nationalismus und Arroganz auch vor Menschen in Lagern nicht halt machen. Ganz oben in der Häftlingshierarchie rangieren die Deutschen. Das ist einzusehen, da man ja auch als deutscher Häftling irgendwo einen Anteil am bevorstehenden Endsieg hat. Für die Deutschen sind die Franzosen Hallodries, Faulenzer, Hurer, Schwätzer, Drückeberger und anderes mehr. Ihre Art, selbst dem Lagerleben Humor und Witz abzupressen, alles auf die leichte Schulter zu nehmen, stößt die ernsten Deutschen ab. Sie haben schließlich ihren Pflichten nachzukommen.

Die Franzosen wiederum verachten die Russen. Ihre offene Freundlichkeit, gepaart mit Kameradschaftlichkeit und ihr Aussehen stoßen sie ab. Ob Akademiker oder Prolet, für die Franzosen sind alle Russen schwerfällige Wilde, bar jeder Kultur. Auch die Italiener sind den Franzosen verhasst, wobei sich die Süditaliener selbst schon fast wie Franzosen fühlen. Das Verhältnis zwischen Deutschen und Russen ist dementsprechend noch klaffender.

Die Polen lieben die Franzosen, hassen wiederum die Deutschen und die Russen. Das ist aus ihrer Geschichte erklärbar. Auch in ihrem Hass sind sie different: während sie die Deutschen offen und aggressiv hassen, hassen sie die Russen herablassend. Ansonsten ähneln sich Franzosen und Polen in ihrem Verhalten, sie erkennen schnell Lücken im täglichen Lagerzwang und nutzen sie kompromisslos. Und natürlich sind sie unter allen Lagerinsassen die geschäftstüchtigsten.

Die Nordländer, die Holländer, Belgier, Tschechen und die anderen Nationen fallen etwas aus diesem Schema heraus. Aber auch hier gibt es nationale Eigenheiten.

Einig sind sich alle Nationen in ihrem Urteil über die Juden. Niemand lässt ein gutes Haar an ihnen, und besonders die Polen ereifern sich, wenn das Gespräch auf diese Weltprügelknaben kommt.

Unsere Baracke ist mit mehreren hundert Mann belegt, als Einteilungsprinzip für die Belegung dienen die Gewerke. So ist garantiert, dass bei unterschiedlichem Schichtsystem nicht zu viel Unruhe entsteht. Außer uns „Zimmerleuten" gibt es noch Mineure, Betonierer, Eisenflechter und Schipper.

In einer Ecke haben sich die Reichsdeutschen einquartiert. Sie bilden unsere Funktionshäftlinge, will heißen, sie sorgen im Lager und in den Unterkünften für Ordnung. Die Sauberkeit und Hygiene in der Baracke werden von ihnen streng kontrolliert, die dazu notwendigen Arbeiten verrichten „fußkranke" Häftlinge.

Die vierstöckigen Pritschen, sämtlich überbelegt wie die Baracke insgesamt, sind durch enge Gänge getrennt. In der Mitte der Baracke befinden sich Tische und Bänke sowie ein Kanonenofen mit langem Rohr. Hier ist die gute Stube der Baracke.

Meine Pritschennachbarn sind Russen und kommen aus dem Konzentrationslager Buchenwald. Sie sind schon deutschlanderfahren und belehren mich, niemals aufzufallen, Befehlen strikt zu gehorchen, sich von der SS fern zu halten und einfach zu versuchen, jeden Tag zu überleben. Ich erfahre, dass unser Lager zu Buchenwald gehört und keinen guten Ruf genießt. Ihre Kenntnisse haben sie von Häftlingen, die bereits hier gearbeitet haben und nach Buchenwald zurück „zur Erholung" kamen. Was wir zu tun haben werden, wozu wir hier sind, wissen sie auch nicht genau, nur, dass uns Bauarbeiten erwarten. Ich erfahre weiter, dass wir uns im deutschen Thüringen befinden, und dass unweit von uns die Städte Erfurt und Weimar sind.

Später werde ich noch aus Gesprächen erkennen, was es mit den Konzentrationslagern auf sich hat und ich bin dankbar, dass mir geschilderte Erlebnisse erspart blieben. Auch die so scheinbar teilnahmslosen SS-Männer und die deutschen Meister sehe ich nun mit anderen Augen. Ich beschließe, vorsichtig zu sein.

Von draußen ertönt eine Trillerpfeife, das Signal zur Nachtruhe.

II

Trillerpfeifen und lautes Rufen wecken mich. Ich bin wie erschlagen, spüre meine Beine schmerzhaft. Sie sind vom langen Marschieren geschwollen.

Meine Kleidung ist fast trocken. Beim Verlassen der Baracke schlägt uns die Winterkälte entgegen. Der vom Schnee geräumte Appellplatz ist schwach erleuchtet. Wir werden gezählt. Da wir mehrere Tausend sind, erstreckt sich das Zählen über unendlich lange Zeit, in der wir unbarmherzig frieren. Einzelne fallen um, werden von bereit stehenden Sanitätshäftlingen beiseite getragen, am Kolonnenrand abgelegt, um mitgezählt werden zu können. Nach dem Morgenappell empfangen wir das Frühstück, schlingen alles in uns hinein, dürfen zur Latrine wegtreten. Erneute Pfeifsignale zu erneutem Antreten, Marschkolonnen formieren sich, der Torposten gibt das Lagertor frei, empfängt die Kolonnenlisten, wir schwenken auf eine Straße ein. Dunkelheit, Kälte, Glätte. Unsere Kolonne schlurft tausendfach kurz bergan, wir erreichen eine Höhe, der eisige Wind springt uns an. Ich beschließe, ab morgen niemals mehr in der Außenreihe zu marschieren. Es geht bergab, die Straße krümmt sich in ein Tal.

Links und rechts Baustellen, spärlich erleuchtet durch schaukelnde Bogenlampen. Die Kolonnen teilen sich. Unser Meister taucht aus der Dunkelheit auf, übernimmt uns, zwei sehr junge SS-Männer als Bewachung bilden Gruppenanfang und -ende. Es wird langsam hell.

Wir erreichen einen großen Holzplatz am Rande einer Straße. Nach dem Überqueren von Gleisen einer Kleinbahn öffnet der Meister eine Tür, Helle und Wärme empfangen uns. Wir setzen uns an roh gezimmerte Holztische in der Baubaracke, die SS-Leute bleiben an der Tür stehen. Sie brauchten nicht aufzupassen, keiner von uns käme auf die Idee, diese herrliche Wärme, die erste seit Wochen, zu verlassen.

Die Arbeitseinteilung ist kurz und endgültig: Fünf Mann zum Be- und Entladen der ankommenden und abgehenden Holztransporte, fünf Mann Arbeit im Holzlager, drei Mann an den Sägen, der Rest fertigt nach Vorgaben der Baustellen benötigte Konstruktionen an.

Ich komme zur Lagergruppe, mit mir zwei Russen, ein Pole und einer von den zwei Reichsdeutschen. Ich glaube, ich habe es nicht schlecht getroffen. Wir müssen das ankommende Holz sortieren, stapeln und zur Weiterverarbeitung bereitstellen. Dazu haben wir keine anderen Hilfsmittel als Hebelhölzer und Wendehaken, und natürlich unsere Arme. Das Holz ist zwar schwer, wie die ganze Arbeit hier überhaupt, aber es riecht gut, und zwischen den Stapeln ist es windstill. Die zwei SS-Wachen laufen gegenläufig Posten um den gesamten Zimmereikomplex und haben uns nicht ständig im Auge. Es hätte schlimmer kommen können.

Nun, da es hell ist, kann ich auch meine Umgebung betrachten. Das Tal ist eng, die nackten Hänge steil. Nur auf dem Kamm einzelne Nadelbäume. Unser Holzplatz ist nur eine von vielen Baustellen. Soweit das Auge taloben und -unten reicht, Baustellen mit regem Betrieb, Menschen krabbeln wie Ameisen, dazwischen die schwarzen Punkte der SS-Wachen.

Auf der Talstraße herrscht reger Verkehr, ich erkenne große Lastwagen, Traktoren und Baumaschinen. Auf der anderen Seite zieht sich der schmale Damm einer Feldbahn entlang. Unmittelbar über den Baustellen, dunklen Augen gleich, alles bewachend, riesige Löcher im Berg, eingerahmt von monumentalen

Stahlgerüsten. Sie erinnern mich an Tunneldurchfahrten in den Alpen, die ich von Bildern her kenne. Alles zieht zu diesen Löchern hin, sie verschlucken pausenlos Menschen und Material, alles verschlingende Moloche, ernährt durch unzählige Rohrleitungen und Wege.

Auch ich und meine Kameraden werden diesen Molochen dienen. Zunächst besteht unsere Kommunikation nur aus Handzeichen und kurzen Zurufen. Noch haben wir keine gemeinsame Sprache. Die Ansprache auf Zuruf, unterbrochen vom „dalli, dalli" des uns gelegentlich kontrollierenden Meisters, wird aber schon bald von Persönlicherem abgelöst. Ich erfahre, dass die Russen Igor und Nikolai, der Pole Marek und der Deutsche Rudolf heißen. Die Russen sind Kriegsgefangene, der Pole Schutzhäftling, Rudolf kommt aus Polizeihaft.

Die Russen und der Pole sind Rudolf und mir weit voraus. Als erfahrene Häftlinge stopfen sie sich Sägespäne in die Schuhe, kauen frische Baumrinde gegen den Hunger und haben umherliegende Zementsäcke benutzt, um sie unter ihre Kleidung zu ziehen. Ich mache es genauso, Rudolf ist warm genug angezogen. Er verfügt als Einziger unter uns über Winterbekleidung einschließlich Handschuhen. Seine Frau konnte ihn noch rechtzeitig versorgen.

Wegen meiner Jugend nennen mich die Kameraden „Kleiner" oder, da ich mich als Student zu erkennen gegeben habe, „Herr Doktor". Auch der Meister nennt mich Kleiner, die Russen nennt er Russkis, den Polen Pollacke und Rudolf Rudi. So hat jeder nach kurzer Zeit schon seinen Namen.

Der Meister, ein älterer Mann mit angegrautem schwarzen Haarschopf und Schnurrbart, sieht wie alles andere als ein Deutscher aus. Er ist der Undeutscheste auf dem Holzplatz und erinnert mit seinen krummen Reiterbeinen an einen Pusztahirten. Die Russen und der Pole, die einander mühelos verständigen können, nennen ihn unter sich Ziganski.

Wenn der Meister nicht in seiner Bude beschäftigt ist, rennt er ständig auf dem Holzplatz herum. Wir hören sein Schimpfen vom Entladeplatz, dem Sägewerk und dem Vorfertigungsplatz. Wir haben schnell mitbekommen, dass er Wert auf Ordnung und stetiges Arbeitstempo legt, und bemühen uns, sein gelegentliches Geschimpfe zu verstehen. Wenn Ziganski merkt, dass wir gut arbeiten, lässt er uns in Ruhe. Aber er kontrolliert dauernd, sieht alles. „Wie ein Bussard" sagt Rudi, und wir müssen trotz der Umstände lächeln, nachdem die Russen endlich aus Rudi herausgebracht haben, was ein Bussard ist. Die SS-Männer bleiben uns fern. Sie umkreisen und beobachten uns, tolerieren auch unsere gelegentlichen Gesprächsversuche, sind unnahbar. Wir unsererseits sind froh, dass sie uns in Ruhe lassen.

Wir sind bemüht, uns trotz pausenloser Arbeit nicht zu verausgaben. Die Russen und der Pole arbeiten gleichmäßig, aber nicht überbetont schnell. Sie teilen ihre Kräfte ein. Da sie immer in Bewegung sind, geben sie keinen Anlass zum Eingreifen. Man merkt die Häftlingserfahrung. Ich bemühe mich als Jüngster, ihr Tempo mitzuhalten, nicht schneller zu sein, mich ihnen anzupassen. Rudi hat als einziger Schwierigkeiten. Er ist schon älter und offensichtlich körperliche Arbeit dieser Art und dieser zeitlichen Ausdehnung nicht gewohnt. Da er gut genährt ist, kommt er schnell ins Schwitzen und ist bald erschöpft. Ohne Worte nehmen wir die schwereren Stämme und Balken, bis er sich wieder erholt hat.

Am Feierabend sagt der Meister nichts zu uns, schimpft aber auch nicht. Wir nehmen es als Zufriedenheit. Ich bin einfach fertig. So wie mir ergeht es auch Rudi, den anderen Kameraden scheint die Arbeit nicht viel zu machen.

Der erste Tag am immer noch unbekannten Ort ist zu Ende. Unsere Bewacher bringen uns zur Straßenkreuzung, gleich den vielen anderen formieren wir uns zur Kolonne, marschieren schweigend und erschöpft die gewundene Straße bergauf. Auf dem Kamm kommt uns die nächste Schicht entgegen, gleich uns schweigend und schlurfend. Wir rücken ins Lager ein. Der Zählappell lässt uns die Dunkelheit noch im Freien erleben, dann folgen Abendessen und Nachtruhe. Da nicht nur unsere Gruppe Holzabfälle mitgebracht hat, ist es zur Nacht sogar einigermaßen warm. Meine Blechschüssel als Kopfkissen benützend, schlafe ich traumlos ein.

III

Die Tage vergehen eintönig. Arbeit, Appelle, Essen, Schlafen. Obwohl wir es auf dem Holzplatz nicht schlecht getroffen haben, ist der körperliche Verfall nicht zu übersehen. Aber wir sind nicht nur physisch fertig. Auch unsere Seelen leiden. Die Kameraden werden immer in sich gekehrter, Unterhaltungen kommen kaum noch zu Stande. Jeder zieht sich in sein Innerstes zurück. Ich denke, dass ungenügende Ernährung und mangelnde Hygiene die Ursachen dafür sind.

Unsere „Hauptmahlzeit" ist die abendliche Suppe, bestehend aus heißem Wasser mit wechselnden Einlagen aus Grieß, Kartoffeln und Rüben, immer aber mit Brühwürfelgeschmack. Einmal pro Woche gibt es „Kaltverpflegung", das sind zwei bis drei Pfund Brot, drei Zentimeter undefinierbare Wurst, fünfzig Gramm Margarine, ein Löffel Weichkäse, zwei Löffel Zucker und ein Löffel Marmelade mit Fruchtgeschmack.

Jeder im Lager leidet an Durchfall. Das Kauen von Holzkohle und die gelegentlich ausgegebenen Tabletten helfen nur wenig. Im Lager gibt es eine Latrine. Eine Baracke ohne Zwischenwände, an beiden Stirnseiten Türen, über die gesamte Barackenlänge ein breiter und gut zwei Meter tiefer Graben. Darüber ein Balken, in regelmäßigen Abständen durch Querstreben gestützt. Gestank nach Kot und Desinfektion, Kälte. Immerhin haben wir im Winter 1944/45 minus dreißig Grad. Jeder Gang zur Latrine kostet Überwindung, besonders nachts. Nicht jeder schafft den Weg, ist zu krank, mancher auch zu faul. Versuche, sich unterwegs zu erleichtern, werden hart bestraft.

Die ungepflegten Körper ziehen Wanzen und Läuse an. In den Papier- und Strohmatratzen, den Balkenritzen der Baracken, überall Wanzen. Läuse in den Kleidern. In regelmäßigen Abständen werden die Baracken abgesperrt, die Öffnungen verklebt, die Räume ausgeschwefelt. Wenn wir von der Arbeit kommen, müssen wir in dem vorhandenen Dunst schlafen.

Die deutsche Lagerverwaltung hat Angst vor Epidemien, vor allem Typhus. Das Auftreten von Kleiderläusen führt zu sofortiger Desinfektion der Barackenbewohner und ihrer Habseligkeiten. Auch die regelmäßige Kopfschur soll Läusebefall vorbeugen. Das Lager hat ein eigenes Krankenrevier, wo kleinere Blessuren behandelt werden. Am Lagereingang stehen sich Verwaltungs- und Krankenbaracke gegenüber. Im Revier gibt es zwei Räume mit je acht Betten, dazwischen liegt das Zimmer des leitenden Sanitäters und das Sprechzimmer. Der französische Sanitäter, im Zivilberuf Arzt, wird regelmäßig von einem

SS-Arzt kontrolliert. Für schwer kranke Häftlinge und größere Eingriffe gibt es ein zentrales Krankenrevier irgendwo in der Nähe in einem anderen Lager. Auch invalide Häftlinge sollen dort versorgt werden.

Unser Äußeres ist katastrophal. Die Kleider zerfallen am Leibe, Bindfaden und Draht werden benutzt, halten sogar die Schuhe zusammen. Und wir riechen. Alles riecht, die Baracken, die Kleidung, die tausende von Körpern. Obwohl wir uns an aufgestellten Blechrinnen waschen können, tut das bei der Winterkälte kaum jemand.

Auch dem Meister entgeht unser Zustand nicht. Er gibt uns zwar Gelegenheit, in der Baubaracke Wasser zu erwärmen, um eine notdürftige Wäsche vorzunehmen, aber wirklich helfen kann er auch nicht. „Was wollt Ihr, Deutschland steht im Endkampf, deutsche Frauen und Kinder leiden unter den Terrorbombardements der Schweine von Engländern und Amerikanern, wir haben selbst nichts" ist seine Antwort, wenn wir über die Mangelernährung schimpfen. Dabei haben wir Glück, dass er uns überhaupt anhört. Immer mehr verkommen wir zu willenlosen Werkzeugen.

Am meisten machen die Umstände Rudolf zu schaffen. Er verfällt zusehends. Seine Arbeitspausen werden immer länger, wir unterstützen ihn, setzen ihn zwischen die Holzstapel in die Wintersonne. Rudi lamentiert. Er könnte jetzt, da er für den Krieg zu alt ist, daheim bei seiner Frau in einem Dorf bei Fulda sitzen. Aber nein, er musste meckern. Da er wiederholt öffentlich querulierte und gut gemeinte Warnungen in den Wind schlug, auch die Person seines Führers nicht ungeschoren ließ, meldeten ihn freundliche Nachbarn der Polizei. Aus Polizeihaft wurde Lager. Wenn Rudi sich bewährt, so wurde ihm gesagt, kommt er wieder nach Hause. Den Zeitpunkt hat man ihm nicht genannt.

Igor und Nikolai ficht nichts an. Sie kommen aus Buchenwald, sind Kriegsgefangene seit 1942. Obwohl andere Häftlinge, besonders die Mineure und Schipper, schimpfen, dass es hier schlimmer als im Stammlager sei, finden sie immer Mittel und Wege, ihre Verpflegung aufzubessern und ihre Lage erträglich zu gestalten. Ich kann von ihnen viel lernen. Und sie sind optimistisch. Mir entgeht nicht, dass sie jeden über uns ziehenden

Bomberpulk aufmerksam beobachten, sich mit anderen russischen Gefangenen über die wahrscheinliche Kriegslage unterhalten und Schlüsse aus den Verhältnissen im Lager und auf der Baustelle ziehen. Sie sind wach.

Nachrichten von außen erreichen uns nicht. Wenn sich die deutschen Zivilarbeiter und die SS-Männer unterhalten, unterbricht unsere Nähe ihre Gespräche. Von ihnen können wir nichts erfahren. Aber man kann aus Mienen lesen und aus der Geheimnistuerei schließen, dass es nicht zum Besten mit dem Deutschen Reich steht. Warum sonst überfliegen die Bomber Thüringen?

Marek ist Schutzhäftling. Er trägt als Einziger von uns Häftlingskleidung. Nach Aufenthalten in verschiedenen Lagern ist er hier gelandet. Auch er sieht seine Lage gelassen. Anfangs sonderte er sich ab, unterhielt sich kaum. Er arbeitet rationell, tut gerade so viel um nicht aufzufallen, nutzt jeden unbeobachteten Augenblick zum Pausieren. Auch um seine Verpflegung ist es nicht so schlecht wie bei uns bestellt. Während ich abends sofort schlafen muss, sitzt unser Pole noch mit Landsleuten zusammen, tuschelt, tauscht. Offenbar ist Geld im Lager. Trotz scharfer Kontrollen verfügen einzelne Häftlinge über Wertsachen, die nun umgesetzt werden. Woher die Waren, Kleidung, Lebensmittel, Zigarren und Zigaretten kommen, ist mir ein Rätsel. Die deutschen Barackenältesten und Kolonnenführer schließen die Augen, die SS kümmert sich nicht. Solange die Ordnung im Lager nicht leidet und vorschriftsmäßig gearbeitet wird, regen die offensichtlichen Tauschgeschäfte niemanden auf.

Auch Sonderrationen werden gehandelt. Wir haben Gelegenheit, unsere Verpflegung aufzubessern. Ein Gutscheinsystem belohnt für außerordentliche Arbeitsergebnisse. Eingetauscht werden Lebensmittel, Süßigkeiten und Zigaretten. Hauptsächlich profitieren davon die Mineure, das heißt die Häftlinge, die unmittelbar in den Stollen arbeiten.

Die Stollenkolonnen scheinen am schlechtesten dran zu sein. Ich beobachte, wie sie täglich verdreckt und nass einrücken. Sie verschleißen am meisten. Während in den anderen Gewerken nur ab und zu die Besetzungen wechseln, erneuern sich die Arbeitskolonnen für die Stollen ständig. Die Anforderungen müssen enorm sein. Obwohl extra untergebracht und besser verpflegt, werden sie von uns nicht beneidet. Wohin die Kranken und Erschöpften gebracht werden, weiß niemand. In regelmäßigen Abständen finden Kontrollen auf Arbeitsfähigkeit durch einen SS-Lagerarzt statt, nach denen ein Teil der Häftlinge verschwindet. „Wahrscheinlich zur Erholung" beantwortet Igor meine diesbezügliche Frage. Ich habe den Eindruck, dass er mehr weiß, es aber nicht sagen will. Im Lager gibt es ein von der Gestapo installiertes Spitzelsystem.

In mir wächst der Drang, noch mehr zu wissen. Vieles ist rätselhaft. Wo gehen die Riesenöffnungen in den Felsen hin, wozu dienen sie, was ist auf den Bergen über uns, wo kommen die Feldbahntransporte her, wohin führt die Talstraße, gibt es noch andere Lager? Viele Fragen für jemanden, der noch nicht einmal weiß, wo er sich befindet.

Dass es noch andere Lager in der Nähe geben muss entnehme ich der Beobachtung, dass teilweise auf den Feldbahnloren, teilweise mit Lastwagen und sogar in abgedunkelten Omnibussen Häftlingskolonnen zur Arbeit gekarrt werden. Die Transporte erfolgen immer aus Richtung des oberen Taleingangs, also aus der Richtung, aus der wir selbst in unser Lager gelangt sind. Auch bewachte Marschkolonnen auf der Straße sind zu sehen. Und schließlich muss unser Holz, müssen Zement und andere Baumaterialien irgendwo herstammen und entladen worden sein. Auch die ständig kommenden und gehenden Zivilarbeiter auf unserer Baustelle lassen auf ein größeres Projekt schließen. Ich bin neugierig geworden.

Vielleicht ist es diese Neugier, die mein Befinden bessert. Meine Niedergeschlagenheit über die Verhältnisse, meine beginnende Stupidität bessern sich. Ich gehe von der Menschenbeobachtung zur Beobachtung meiner Umgebung über.

Ich muss alles wissen!

IV

Natürlich ist Igor nicht mein richtiger Name. Ich bin auch nicht, wie in der Stammrolle des Lagers Buchenwald aufgeführt, Gefreiter. Vielmehr bin ich Oberleutnant der Roten Armee, Flieger. Das zuzugeben wäre tödlich. Keiner meiner Mitgefangenen kennt die Wahrheit. Ich stamme aus Nowosibirsk. Dort besuchte ich die Schule und erlernte den Beruf des Schlossers. Nach der Lehre verließ ich den Betrieb, um eine fliegerische Ausbildung anzutreten. Das war im Jahre 1937, ich war gerade 17 Jahre alt. Nach erfolgreich absolvierter Ausbildung wurde ich in ein im Kuban stationiertes Fliegerregiment kommandiert.

Wir trainierten das ganze Frühjahr und den ganzen Sommer, Tag für Tag. Die Unterbringung erfolgte bei Wirtsleuten in den umliegenden Dörfern, und wir waren Hahn im Korbe bei den Dorfschönheiten. Ich war an Liebeleien dieser Art wenig interessiert und verbrachte meine Freizeit mit Fischen, Lesen und Schreiben. Ich hatte mir angewöhnt, für mich besondere Erlebnisse festzuhalten, was mir den spöttischen Ruf eines Schriftstellers unter den Kameraden eintrug. Die Führung von Tagebüchern war uns zu dieser Zeit untersagt.

Die schöne Jahreszeit verbrachten wir Flieger ausschließlich im Freien. Wir übernachteten meist unter den Tragflächen unserer Maschinen oder in selbstgebauten Laubhütten. Die Mechaniker, die unsere Maschinen warteten, kampierten generell so, ihr Werkzeug hatten sie stets am Mann. Werkstätten gab es auf den Feldflugplätzen damals nicht. Auch die Kommandeure wohnten und arbeiteten nicht bevorzugt, als Arbeits- und Stabsräume dienten ausrangierte Flugzeugkisten.

Im Winter bezogen wir feste Plätze. Fest in diesem Sinne waren nur die Gebäude, die Rollbahnen waren in den seltensten Fällen betoniert.

Auch unsere Technik war angejahrt. Wir flogen veraltete I-15, Il-2, SU-2 und I-16, hatten keinen Bordfunk und mussten mangels Ersatzteilen ständig an den Maschinen herumflicken. Unsere Techniker arbeiteten einfallsreich und ehrgeizig. Auch wir passten uns den Bedingungen an. Ich erinnere mich, dass wir bei den I-15 Schwierigkeiten mit den Gurten hatten. Sie klemmten und ließen sich im Havariefall nur schlecht lösen. Als Konsequenz schnitten wir sie einfach ab und flogen ohne. So hielten wir es auch mit den verglasten Kanzeln: Als sich herausstellte, dass sie klemmten und die Piloten am Notausstieg hinderten, flogen wir einfach ohne sie, auch im Winter. Erfrierungen waren die Folge.

Einfallsreichtum, Optimismus und Kameradschaftsgeist kennzeichneten unser Zusammenleben. Wir waren jung und wussten, dass sich das Land im Umbruch befand.

Nach der Eingliederung Bessarabiens in die Sowjetunion wurde ich in die Nähe des Dnestr, auf den Flugplatz Belzy versetzt. Als stellvertretender Staffelkommandeur erlebte ich hier den für uns überraschenden Einfall der deutschen Truppen. Obwohl anfangs in der Luft überlegen, hatten wir den Heinkels, Messerschmitts, Focke-Wulfs und Junkers nur unseren Mut und unser fliegerisches Können entgegenzusetzen. Es stellte sich schnell heraus, dass wir hinsichtlich der Bewaffnung und Motorisierung den deutschen Fliegern langfristig unterlegen waren. Trotzdem erzielten wir beachtliche Erfolge. Ich selbst wurde mit meiner Staffel mehrmals ausgezeichnet.

Zu unseren Aufgaben gehörten die Sicherung des Luftraumes, industrieller Anlagen, militärischer Formationen, das Fliegen von Sperren und die Bombardierungen von Konzentrationen des Gegners, seiner Brückenübergänge und Marschkolonnen und nicht zuletzt die Aufklärung aus der Luft. Ich erinnere mich, dass wir Flieger oft die Einzigen waren, über die das Oberkommando die Absichten des Gegners in Erfahrung bringen konnte. Das Nachrichtenwesen und das logistische Zusammenspiel der einzelnen Truppenteile waren zu Anfang des Krieges katastrophal, oft wussten die Stäbe nicht, wo sich der Gegner befand, und baten uns Flieger um Hilfe. Vielleicht können sich spätere Generationen solche Zustände in einer Armee nicht vorstellen, aber wahr ist, dass wir auf Grund der hohen Marschgeschwindigkeit der deutschen Wehrmacht uns täglich zurückzogen. Wir wechselten fast täglich die Flugplätze. Es kam vor, dass wir an einem Tag den Platz bombardierten, auf dem am Vortag noch unsere Maschinen gestanden hatten. Wir wichen ständig zurück: vom Dnestr über den Dnepr, immer mehr Richtung Osten. Wir hatten nur noch wenige Flugzeuge und hohe Ausfälle an Piloten. Aus dem Hinterland kamen zwar jetzt neue Generationen an jungen Ausgebildeten und Maschinen, wie die Lawotschkins und Migs, aber dem deutschen Druck hatten wir noch nichts entgegenzusetzen.

Eines Tages dann, im Frühjahr, passierte es: ich war Aufklärung auf der Suche nach der Panzergruppe Kleist geflogen und hatte nach langer Suche ihre Spuren auf ablegenen Feldwegen gefunden. Auf dem Rückflug wurde mir klar, dass meine Tanks so gut wie leer waren. Ich musste irgendwo bei unseren Truppen landen und auftanken. Also flog ich tief und entdeckte eine unserer Marschkolonnen. Ich landete auf einem Feld neben der Straße, stieg aus und stellte mit Verwunderung fest, dass die Soldaten sämtlich unbewaffnet waren. Aber da war es schon zu spät. Die deutschen Wehrmachtssoldaten, die die Gefangenenkolonne nach hinten begleiteten und die meiner Aufmerksamkeit aus der Luft entgangen waren, nahmen mich gefangen. Meine Maschine fiel ihnen unversehrt in die Hände. Über meine Dummheit war ich so niedergeschlagen, dass ich mich ohne Gegenwehr ergab. Während des Marsches in den Gefangenensammelraum wurden wir mehrmals bombardiert und mit dem Feuer unserer Artillerie belegt. In einem Moment des Chaos gelang es mir, meine Fliegerkombination loszuwerden und die Uniform eines getöteten Kameraden anzuziehen. Die in den Taschen der Uniformjacke enthaltenen Dokumente des Gefallenen und meine eigenen verscharrte ich im Deckungsloch. Niemand hatte etwas bemerkt.

Bei der Registrierung und den anschließenden Verhören fiel mir nur der Name eines Schulfreundes aus Nowosibirsk ein, den ich auch angab. Man transportierte mich zunächst in das Konzentrationslager Klein-Königsberg. Hier unternahm ich mit anderen Gefangenen, zumeist Russen, einen Ausbruchversuch. Wir bauten einen Tunnel von einer Baracke unter dem Lagerzaun hindurch ins Freie. Kurz vor der Fertigstellung flog die Sache auf. Sämtliche Beteiligten wurden bestraft und nach der Strafverbüßung in andere Lager verbracht. So kam ich zunächst nach Sachsenhausen, später nach Buchenwald. Nach dem Krieg erfuhr ich, dass einem Teil der am Fluchtversuch Beteiligten, die zur Arbeit nach Usedom an die Ostsee verschickt worden waren, im Februar 1945 die Flucht mit einer auf dem Arbeitsgelände abgestellten He-111 hinter die deutschen Linien gelang.

Meine gute körperliche Konstitution und mein ungebrochener Lebenswille ließen mich alle Demütigungen und bisherigen Strapazen überstehen. Auch die Einstellung der Deutschen zu uns hatte mit dem Kriegsverlauf eine Änderung erfahren. Man konnte bemerken, dass sie sich gezwungen sahen, unsere Arbeitskraft zu erhalten. Immer mehr Arbeitskolonnen verließen das Stammlager, um Außenlager zu beziehen und dort zu arbeiten. Da ich den Gedanken an Flucht nie aufgegeben hatte und in Buchenwald selbst keine Möglichkeiten sah, meldete ich mich zum Arbeitseinsatz auf einer Außenbaustelle. So kam ich in dieses Lager.

Ich habe schon erwähnt, dass die Deutschen um die Erhaltung unserer Arbeitskraft bemüht waren. Wir wurden zwar weiterhin schlecht verpflegt, verfielen zusehends in unseren Lumpen, aber ich konnte Gesprächen unter den Deutschen entnehmen (ich verstand zu dieser Zeit schon ein wenig dieser Sprache), dass es sogar Pläne zur Ansiedlung bestimmter Kriegsgefangener und Zivilarbeiter gab. Offensichtlich hatte das Deutsche Reich Schwierigkeiten, die Bedürfnisse der Fronten an Kriegsmaterial und Soldaten abzusichern.

Auch meine Fluchtideen musste ich überdenken. Gefangene Landsleute hatten mir in Buchenwald erzählt, dass in Kriegsgefangenschaft geratene und daraus befreite ehemalige sowjetische Soldaten von der Heimat mit Misstrauen aufgenommen und sogar als Verräter behandelt wurden. Stalin war der Meinung, dass es keine sowjetischen Kriegsgefangenen zu geben hatte. Ich konnte mir vorstellen, was mich bezüglich meiner Gefangennahme daheim erwartete, noch dazu, da ich mit meiner Maschine unversehrt in die Hände des Feindes gefallen war. Meine Zukunft war alles andere als rosig. Schlechter als in der Heimat konnte es mir hier in Deutschland auch nicht gehen. Also blieb ich zunächst hier und fand mich mit den Tatsachen ab. So wie ich dachten viele meiner Landsleute. Es ging einfach um das nackte Überleben – so oder so.

Die Arbeit auf der Baustelle lässt mir viel Zeit zum Überlegen. Meine Umgebung fesselt mich. Was ich hier sehe, die Intensität der Arbeiten, die Vielfalt und abgestimmte Organisation der Gewerke, die Monumentalität der Baustelle, lässt mich täglich neugieriger werden. Ich habe schon in meiner Heimat grandioses Bauen kennen gelernt, aber der Einsatz so vieler Menschen, Gefangener wie Zivilarbeiter, lässt mich immer wieder aufs Neue über den Sinn des Ganzen nachdenken. In einer Woche schreiben wir Weihnachten 1944, und ich kann trotz totaler Nachrichtensperre und Isolation aus Gesprächen der deutschen Bewacher und Vorarbeiter entnehmen, dass sich die Alliierten auf dem Vormarsch befinden. Wozu dann noch diese

Anstrengungen im Hinterland? Ich weiß auch, dass unsere Baustelle nur ein kleiner Teil eines gewaltigen Ganzen ist. Vielleicht sind die Einfahrten über uns das Zentrum des Molochs, vielleicht aber auch nur seine unterirdischen Zugänge. Wo aber sind dann die anderen Baustellen, wohin fahren täglich die Jammergestalten aus den Tunnels in die Lager? Es müssen Zehntausende sein, die hier an rätselhaften deutschen Vorhaben arbeiten müssen.

Ich habe schon längst beschlossen, alle meine begrenzten Möglichkeiten zu nutzen, um den Dingen auf den Grund zu gehen. Ich denke, dass ich dabei nicht allein sein werde. Auch an unserem kleinen Doktor bemerke ich die tägliche Neugier, mit der er seine Umgebung betrachtet. Wir sind also schon zwei Neugierige.

V

Ich heiße Rudolf Gerlinger, wurde 1889 in Friesenhausen, einem kleinen Ort in Hessen in der Nähe von Fulda, geboren. Von Beruf bin ich Schlosser. Im Nebenerwerb betreiben meine Frau und ich eine kleine Landwirtschaft, die uns neben meiner Arbeit im nahe gelegenen Kalischacht ein sicheres Auskommen schafft.

Im Ersten Weltkrieg war ich Soldat an der russischen Front. Ich hatte Glück, trug keine schwer wiegenden Verletzungen davon und kehrte 1918 heim.

Ich habe mich nie für Politik interessiert, habe immer nur gearbeitet, zurückgezogen gelebt und ein einigermaßen zufriedenes Leben geführt. Auch der Krieg hat daran nichts geändert. Überhaupt haben wir auf dem Land kaum etwas von den Zeitläuften der Politik gespürt, und schon gar nicht wir in der hessischen Rhön.

Nach dem Krieg war das Leben schon schwer genug für uns. Im Jahr 1919 habe ich dann geheiratet, ein Mädchen aus unserem Dorf, gleichfalls aus kleinen Verhältnissen. 1919 und 1922 wurden unsere Söhne geboren. In den Inflationsjahren wurde das Leben noch schwieriger. Wir als Nebenerwerbslandwirte hatten zwar immer zu essen, aber der Lohn, den ich nach Hause brachte, reichte kaum für die täglichen Bedürfnisse, geschweige denn für notwendige Anschaffungen. Im Vergleich zu den Städtern ging es uns trotzdem noch gut.

Als die Schwarzen über die Dörfer zogen und uns kleinen Leuten in ihrem Programm Gerechtigkeit und wirtschaftliches Wachstum versprachen, war ich anfangs skeptisch. Aber dann, nach 1933, merkten auch wir auf dem Lande den Aufschwung und betrachteten die neue Regierung mit anderen Augen. Besonders hatte ich mich gefreut, dass nun Schluss sein sollte mit der ungerechten Landverteilung, den Schiebereien und der Benachteiligung der armen Leute. „Ein Reich, ein Volk, ein Führer", das gefiel mir. Gleichheit für alle Volksgenossen.

Als ich merkte, dass sich auf den Dörfern ein neues Bonzentum herausbildete, dass wir genauso arm wie vorher blieben und dass das neue Regime nur für Einzelne ein scheinbarer Segen war, sagte ich unverblümt meine Meinung. Anfangs lachte man mich ob meines Missverständnisses noch aus, dann verwarnte man mich wegen meiner Renitenz hinter vorgehaltener Hand, bis man mich 1940 in das Konzentrationslager Buchenwald zur Umerziehung schickte. Daran änderte auch die Tatsache nichts, dass meine beiden Söhne in der Waffen-SS dienen.

Im Herbst 1944 kam ich mit dem ersten Häftlingsschub in das neu errichtete Außenlager bei Ohrdruf zum Bau von Baracken und Lagerzäunen. Seit November arbeite ich im Holzlager. Als Deutscher kann ich es hier einigermaßen aushalten, aber mein Alter und mein körperlicher Zustand machen mir zu schaffen. Meine Frau schickt mir regelmäßig Lebensmittelpakete und sorgt auch für warme Wäsche, aber auf die Dauer macht mich das Lagerleben kaputt. Der Meister hat mir geraten, in der Lagerkommandantur einen Antrag auf Entlassung zu stellen, auch in Anbetracht der Schwierigkeiten, die meine Frau bei der Bewältigung der Landwirtschaft hat und der Tatsache, dass unsere zwei Söhne an der Front stehen.

Ich muss unbedingt hier raus.

VI

Ich denke, dass wir Polen in Wahrheit das Lagerleben und dessen Organisation beherrschen. Sollen ruhig SS und Verwaltung denken, dass sie alles im Griff haben. Jeder mit Durchblick wird bestätigen, dass in deutschen Lagern nichts ohne uns geht. Als ich im Sommer 1944, nach dem missglückten Aufstand in Warschau, nach Buchenwald kam, hatte ich mit dem Leben abgeschlossen. Ich wusste von anderen Landsleuten, was man hinter deutschem Stacheldraht zu erwarten hat. Umständlich wie die Deutschen sind, karren sie einen erst von einem Ende der Welt zum anderen, damit man auf irgendeine perfide Art und Weise zu Tode kommt. „Warschau habe ich überlebt, was nun kommt, weiß ich – also machen wir das Beste draus" – das war von nun an die Devise von Marek Koslowski. Bis jetzt hat es geklappt.

Im Stammlager traf ich auf Landsleute, die langfristig Häftlingsschicksale zu bewältigen hatten. Eigentlich waren sie schon keine normalen Menschen mehr, lebten ohne Planung von einem Tag zum anderen, immer in Erwartung des Letztendlichen. Es gab aber auch eine Gruppe, die sich nicht in ihre Misere schickte, sondern vom ersten Tag an darauf bedacht war, ihr Häftlingsleben erträglich zu gestalten. Ich denke, dass das unsere typische polnische Lebenseinstellung ausdrückt und uns vor allen anderen Nationen auszeichnet: Wir finden immer eine Lücke, verstehen aus Nichts etwas zu machen. Den Grund für diese Einstellung sehe ich in unserer Geschichte. Wer hat sich nicht schon auf unserem Territorium ausgetobt – Russen, Österreicher, Deutsche. Alle hatten versucht, uns zu unterdrücken, uns ihren Stil aufzuzwingen. Aber ohne Erfolg. Wir Polen sind Kummer gewöhnt und reagieren entsprechend. Das Lagerleben stellt, so gesehen, nur eine logische Fortsetzung unserer Geschichte dar. Was also sollte mich noch erschrecken?

Dazu kommt, dass die Deutschen der vierziger Jahre nicht mehr die Gleichen wie zu Kriegsbeginn sind. Das deutsche Lagersystem lässt den Häftlingen viel Handlungsspielraum. Im Prinzip kümmert sich die Lagerverwaltung um die strenge Isolation der Lager nach außen, gibt den Rahmen für die innere Verwaltung vor, überlässt aber sonst den Häftlingen den Aufbau einer inneren Selbstverwaltung. Solange diese zu ihrer Zufriedenheit funktioniert, sind die Deutschen friedlich. Geht etwas daneben und kommt es zu Störungen der vorgegebenen Ordnung, können sie mit ungeheurer Brutalität reagieren. Deshalb müssen solche Ereignisse unter allen Umständen vermieden werden. Das ist die Aufgabe der Funktionshäftlinge, die dazu in der Regel Erfahrungen aus anderen Lagern mitbringen.

Im Stammlager Buchenwald hatte ich Erfahrungen mit politischen Funktionshäftlingen gemacht, die sich im Laufe der Jahre eine Hierarchie aufbauten. Ich lernte schnell, dass auch hier Klüngel und Machtmissbrauch an der Tagesordnung waren. Jeder, der gegen diesen Personenkreis anging, hatte es im Lager schwer oder verschwand sogar an Stelle eines schon abgeschriebenen, aber genehmen anderen Häftlings. Also mussten wir Polen andere Prioritäten setzen. Wir verlegten uns auf den Handel. Als ich dazu stieß, hatten meine Landsleute schon ein weit verzweigtes Netz installiert und waren gerade dabei, dieses auf die sich bildenden Außenlager auszudehnen. Gehandelt wird mit allem: Lebensmitteln, Bekleidung, Alkohol, Tabakwaren, mit der Liebe. Es wird getauscht, gekauft, verkauft. Zahlungsmittel sind eingeschmuggeltes oder aus der Heimat überwiesenes Geld, Schmuck, Diamanten, Zigaretten und Lebensmittel aus Heimatpaketen sowie Gutscheine, die von der Verwaltung für besondere Leistungen ausgegeben werden. Wer gar nichts hat, kann entweder sich selbst einbringen, indem er sich für eine gewisse Zeit zu Dienstleistungen verpflichtet, er kann seine Essenrationen verpfänden oder aber Grundstücke und anderen Besitz in der Heimat, einzulösen nach dem Kriege.

Es ist unwahrscheinlich, wie gut dieser Handel in den Lagern funktioniert. Es gibt Häftlinge, die sich persönliche Diener, besondere Kleidung, gutes Essen und wöchentliche Besuche im Lagerbordell leisten können.

Mit der Zunahme von Ausländern in der Verwaltung der Lager und dem fortschreitenden Ersatz des deutschen Bewachungspersonals durch ausländische Hilfswillige wurden die Bedingungen für den illegalen Handel in den Lagern noch günstiger, da sich die Ukrainer, Litauer und Ungarn an diesem beteiligten. Jetzt haben wir auch stabile Außenverbindungen. Kommt einer von uns in Schwierigkeiten, sorgen falsche Häftlingsnummern, gefälschte Namenslisten und andere Lancierungen für sein Abtauchen.

Offensichtlich wissen die Deutschen von unserem System, denn die Zweigstellen der Gestapo in den Lagern verfügen über willige Spitzel unter den Häftlingen. Da wir aber strenge Disziplin halten, lassen sie uns gewähren. Es war also nur logisch, dass ich mich freiwillig in das Lager Ohrdruf meldete. Im

Spätsommer 1944 begannen wir Stammhäftlinge aus Buchenwald mit der Errichtung von Zäunen, Baracken, dem Anlegen von Wegen, einer Wasserversorgung und einem Bahngleis aus dem nahe gelegenen Ort. Auf zwei großen Plateaus entstanden so in kürzester Zeit zwei getrennte Lager für die Unterbringung mehrerer tausend Häftlinge. Wie wir aus Gesprächen mit deutschen Zivilarbeitern erfahren konnten, hatten hier schon zurzeit des Ersten Weltkrieges Lager für Gefangene bestanden.

Als Anfang September 1944 die ersten Häftlingstransporte eintrafen, wurden wir Altkonzentrationäre auf uns bisher unbekannte, aber offensichtlich gleichfalls neu errichtete kleinere Lager aufgeteilt. So gelangte ich hierher.

VII

Weihnachten 1944. Das erste Weihnachten meines Lebens ohne meine Familie. In einem fremden Land, einer feindlichen Umgebung. Daran ändern auch meine Freunde und Leidensgenossen nichts. Ich muss es hinnehmen wie es ist, mich in mein Inneres zurückziehen, meine Gedanken schweifen lassen.

Das erste Mal in meiner Lagerzeit brauchten wir heute nicht zu arbeiten. Das ist kaum zu glauben. Freudig erstaunt hörten wir beim Morgenappell, dass wir heute im Lager bleiben müssen (!), um gezählt zu werden. Große Inventur.

Weihnachten und zählen. Das habe ich doch irgendwo schon einmal gehört. Die Deutschen werden doch nicht von den Römern gelernt haben? Wie es damals ausgegangen ist, wissen wir aus der Bibel.

Es müssen schwer wiegende Umstände sein, die unsere Bewacher veranlassen, in dieser Zeit tausende Arbeitskräfte brach liegen zu lassen. Überall wuseln die Blockältesten, Kapos und Schreiber herum, schreien Kommandos, füllen Listen aus.

Wir treten mehrmals in der Kälte an, lassen wiederholt Zählungen über uns ergehen. Am frühen Nachmittag scheint alles zu stimmen, wir dürfen in die Baracken wegtreten. Jeder sucht sich seinen angestammten Platz, es wird geschwatzt, Erinnerungen an das Fest tauchen auf. Zur abendlichen Essenausgabe noch einmal Zählappell, Besichtigung durch den Lagerführer, Essen mit mittlerweile kalter Suppe, Bettruhe.

Ich kann nicht einschlafen. Schon seit Tagen habe ich Schmerzen im Unterleib, heute ist es besonders schlimm. Ich taste mich von meiner Pritsche und wecke den deutschen Blockältesten, schildere ihm meine Schmerzen. Er beruhigt mich und verspricht, am nächsten Tag mit mir „zur Sanität" zu gehen. Ich versuche zu schlafen. Das Aufstehen am anderen Tag fällt mir schwer, der Blockälteste holt mich ab. Meine Kameraden machen besorgte Gesichter. Sie werden heute ohne mich zur Arbeit gehen.

Mit dem Blockältesten gehe ich zur Sanitätsbaracke. Der Franzose tastet mich ab, macht ein ernstes Gesicht. „Das muss operiert werden. Wir können ihn hier nicht behandeln, bis der Lagerarzt kommt, kann es zu spät sein." Seine Diagnose heißt Blinddarmentzündung. Also krank.

Der Blockälteste bekommt nun Arbeit. Er geht zum Schreiber, der mich abmelden und aus dem Bestand nehmen muss. Gleichfalls hat er meinen Meister über den Ausfall zu informieren. Der gesamte Vorgang muss beim Appell dem Lagerführer zugehen. Ich selbst „mache mich transportfähig", bekomme eine Armbinde mit der Aufschrift „Revier", mein Begleitpapier, und dann warte ich. Man hat beschlossen, mich nicht allein gehen zu lassen. Das alltägliche Brotauto soll mich mitnehmen. Auf meinem Transportschein steht als Bestimmungsziel „Nordlager über Lager Crawinkel".

Auf diese Art zu reisen ist leicht. Kein Rucksack drückt mich, kein Koffer zerrt mir an der Hand. Nur meine Lumpen und ich. Der Laster kommt, entledigt sich seiner Fracht, ich steige ein. Kontrolle am Torposten, Ausfahrt. Ich sitze warm und trocken. Der Brotgeruch nimmt mir den Atem, macht mich fast ohnmächtig. Der Fahrer, typisch slawische Rundbirne, Kalmückengesicht, summt vor sich hin, ich scheine für ihn zunächst nicht zu existieren. Aber dann kommt doch ein Gespräch in Gang, eine Unterhaltung in der typischen Lagersprache, einem Mischmasch, in dem jeder alles oder gar nichts versteht. Wir verstehen uns. Der Russe fragt mich nach Zigaretten, ich verneine, er mustert meinen erbärmlichen Zustand und bietet seinerseits eine Zigarette an. Meine Ablehnung erfreut ihn. Er greift hinter sich und zaubert einen Kanten Brot hervor. Brot, kein Lagerklitsch! „Brot für Lagerpersonal, gutt Brot, Mahlzeit!" Er lacht sich halb krank über mein Gesicht. Nachträgliches Weihnachtsgeschenk.

Die belebte Talstraße fordert Aufmerksamkeit, Baufahrzeuge über Baufahrzeuge, reger Verkehr in beiden Richtungen. Hier müssen wir langmarschiert sein auf dem Weg ins Lager.

Links und rechts der Straße treten die Felswände zurück, verflachen und laufen in weiter Ebene aus. Vor uns ein Dorf, hintersetzt mit hohen Waldhöhen, sperrig, dunkel drohend. Auf dem Ortseingangsschild lese ich den Namen „Crawinkel". Dieser ist für mich so nichtssagend wie alle anderen deutschen Ortsnamen. Ein Ort unter vielen, aber mit mir schicksalhaft verbunden. Wir durchfahren die Straßen in Kurven. Ein sauberes Dorf, die Straßen gepflastert, Gehwege. Und Zivilisten. Richtige Menschen, ordentlich und sauber gekleidet. Die älteren Frauen mit dunklen Kopftüchern, wie bei mir zu Hause. Die Männer meist älter. Und Kinder, im Schnee spielend. Das gibt es noch, normales Leben, Schlafen in sauberen Betten, sich richtig waschen können, eine warme Stube, saubere Kleidung, regelmäßiges Essen. Wie lange ist das schon her! Die paar Wochen Lagerleben kommen mir wie eine Ewigkeit vor.

Am Ortsende ist die Fahrt zu Ende. Wieder ein Lager. Ich verabschiede mich von meinem fröhlichen Freund in der Steppjacke und melde mich beim Torposten. Jetzt erkenne ich das Lager wieder, hier kam unser Transport an. Nur, es sieht viel schlimmer aus als in meiner Erinnerung. Am Tag wirkt das Podest für die Musikkapelle noch zynischer, alles noch trostloser. Außer den Baracken der Lagerverwaltung nur Zelte, Beton- und Erdbunker. Dazwischen Menschen. Menschen? Das sind keine Menschen, das sind Elendsgestalten, Gerippe, Figuren! Ausgemergelte und offensichtlich total erschöpfte, stumpf dösende oder zwischen den Zelten dahinschlurfende Wesen, nicht rechts oder links sehend. Überall Dreck, schmutziger Schnee und Schlamm. Meine Güte, da lebe ich ja noch im Paradies!

Der Läufer kommt. Der Posten übergibt mich mit einem Kopfnicken, ich werde zur Verwaltungsbaracke geführt. Jetzt kann ich auch in die Zelte sehen. Da liegen sie, in der Längsachse der Zelte, Fuß an Fuß, und schlafen. Offensichtlich die Nachtschicht. Der Blick in die Bunker bleibt mir verschlossen, da

36

Treppen ins Erddunkle führen. Der Schreiber hat auf dem Schein gelesen, wo ich herkomme. Er spricht meine Sprache, ist ein Landsmann. „Ja" sagt er, „besonders schön ist es hier nicht. Wir sind ein Muselmanenlager, nur auf Verschleiß eingestellt, lange hält sich hier keiner." Mein Unverständnis belustigt ihn. „Du arbeitest noch nicht lange in Deutschland?" Als ich verneine erklärt er mir, dass der Begriff „Muselman" so viel wie Lebendtoter bedeutet. Das ganze Lager ist voll mit Jammergestalten, die für die deutsche Verwaltung schon abgeschrieben sind, verschlissen, Schrott. Die meisten sind Juden aus Ungarn, Polen, dem Baltikum. Der Lagerbestand wird alle acht Wochen ausgetauscht. Dann kommen frische Kräfte, zumeist aus den Lagern. „Wer hier war, sehnt sich nach Buchenwald zurück", sagt der Schreiber. Und was geschieht mit den hunderten Verschlissenen, Kranken, Erschöpften? „Die kommen auf Transport, zur Erholung nach Bergen-Belsen", so die Antwort. Er verzieht dabei keine Miene, es scheint für ihn Alltag zu sein. „Erholung" höre ich nun schon zum zweiten Mal. Auch Igor hatte dieses Wort erwähnt. Auch hier bleibt es rätselhaft. Die Klärung muss ausbleiben, der Schreiber übergibt mich dem Lagersanitäter und verschwindet. Mir wird bedeutet, im Barackengang vor dem Sanitätszimmer zu warten. Hätte ich nicht das Brot im Auto gegessen, wäre ich jetzt noch hungriger als normal. Niemand kommt auf den Gedanken, mich an der Verpflegung teilnehmen zu lassen. Nach langer Zeit bringt mich ein Läufer wieder zum Tor. Ein Lastwagen mit Baumaterial nimmt mich auf. Wir fahren zunächst eine Landstraße entlang, links und rechts von Wäldern eingeschneist, dann verlassen wir den Asphalt und benutzen eine ansteigende Schotterstraße, die zu einem Plateau führt. Weit öffnet sich der Blick über verschneite Ebenen und dunkle Wälder. Dazwischen eingesprenkelte Ortschaften. Ein Lager vor uns, ein anders gegenüber liegend. Beide ducken sich unter den Winterhimmel, Zäune, Wachttürme, Baracken, dazwischen Wege und Straßen. Überall die deutsche Symmetrie. Wir halten am Lagertor, ich melde mich wieder beim Posten. Mit dem Fahrer habe ich kein Wort gewechselt. Der Posten schreit „Läufer" und sofort kommt der Häftling aus einer nahe stehenden Baracke gerannt, übernimmt mich. Unser Ziel ist der Krankenbau. Eine helle, saubere

Baracke, es riecht nach deutschem Bohnerwachs und Desinfektion. Warten auf dem Flur. Alles macht einen neuen Eindruck. Ich wandere im Flur auf und ab, lese die Türschilder: Krankensaal Innere, Krankensaal Chirurgie, Apotheke, Ambulanz Innere, Ambulanz Chirurgie, Labor, Arztschreiber, Diätküche, Physiotherapie, OP, SS-Arzt. Wäre das letztere Schild nicht, würde ich mich in einem normalen Krankenhaus wähnen. Sogar eine Diätküche! Für uns Menschenschrott? Ich habe gehört, dass das Internationale Rote Kreuz die Häftlingslager kontrolliert. Vielleicht bin ich in ein Vorzeigelazarett geraten?

Der Hilfspfleger kommt, bringt mich in einen Untersuchungsraum, heißt mich ausziehen und hinlegen. Ich wickle mich aus Zementtütenlagen und Lumpen, binde Draht und Papierstrickknoten los, verpeste die Krankenhausluft. Den Sanitätshäftling scheint das nicht zu stören. Dann wird die Tür aufgerissen, der Lagerarzt und sein Assistent erscheinen. SS-Uniform und Reitstiefel unter weißem Kittel. Große und erstaunlich weiche Hände tasten meinen Körper ab. Mein Gesicht sieht der Arzt nicht. Ich sehe dafür seines, gepflegt, rot rasiert, randlose Brille, kurzer Haarschnitt. So sehen also deutsche Akademiker in Uniform aus. Eigentlich könnte ich bald sein Kollege sein. Besser nicht. Der Arzt beendet die Untersuchung, bespricht sich mit seinem Häftlingsassistenten, verlässt den Raum. „Du wirst sofort operiert, dein Blinddarm ist vereitert." Der Arzthäftling heißt mich ganz ausziehen, der Hilfspfleger bringt mich in den Waschraum. Ich dusche mit Seife und heißem Wasser! Das allein ist schon einen vereiterten Blinddarm wert. Schade, dass ich nur den einen habe. Ich bekomme ein langes Nachthemd. Meine Klamotten sind weg. Ehe ich mir Sorgen machen muss, liege ich auf dem Operationstisch.

Eine kalte Wintersonne scheint ins Fenster, als ich in einem Eisenbett mit blaugewürfelter Bettwäsche erwache. Um mich neugierige Kahlköpfe in genauso lächerlichen Nachthemden wie ich. Ich bin matt, sauber und zufrieden. Auch meine Leidensgenossen scheinen das Kranksein zu genießen. Neue Erfahrungen in einem deutschen Lager, regelmäßiges warmes Essen, Wärme, Sauberkeit, Fürsorge. Und der Zweck? So schnell wie möglich wieder in die Kälte, den Hunger, den Gestank, das Ungeziefer. Also jeden Tag hier genießen.

Das Lager C oder Nordlager umfasst zwölf Baracken mit mehr als tausend Kranken und Invaliden. Zunächst Gefangenenlager, wurde es erst vor einigen Tagen zum Krankenlager umfunktioniert. Wir sind die ersten Glücklichen. Unter den Kameraden, sämtlich Althäftlinge, besteht die Meinung, dass solche Bedingungen nicht lange anhalten werden. Sie ergehen sich in Spekulationen, warum und zu welchem Zweck die SS auf einmal menschenfreundlich zu werden scheint. Ich höre, dass auch auf verschiedenen Baustellen die Arbeitsbedingungen gelockert wurden. Dem kann ich nicht zustimmen. Ich erzähle, was ich im Lager Crawinkel gesehen habe. Mein Bericht wird von verschiedenen Seiten bestätigt. Die meisten meiner Mitgefangenen stammen aus dem gegenüberliegendem Südlager, das mit seinen geschätzten sechstausend Häftlingen das größte Lager zu sein scheint. Zwei meiner Kameraden stammen aus einem Tallager, das unweit von meinem gelegen sein muss.

Am Abend überdenke ich die Gespräche. Mehrere Lager mit vielen tausend Menschen, sämtlich beschäftigt mit Erdbewegungen, Gleis- und Straßenbau, Schachtbau, Betonierungsarbeiten. Alle streng voneinander isoliert. Lägen wir hier nicht zusammen, ich hätte nichts von unterirdischen Straßen und Gleisen erfahren, meine Kameraden nichts über die von mir geschilderten Arbeiten. Alle unsere Tätigkeiten scheinen der Aushöhlung der Berge und deren späterer Versorgung zu dienen. Unsere Lager befinden sich sämtlich an der Peripherie der riesigen Höhlen. Manche Arbeitsplätze liegen bis zu zwanzig Kilometer entfernt.

Ich sehe keinen Sinn in einem Tunnelsystem, das als Rattenfalle angelegt ist. Meine Skepsis·führt zu heftigen Diskussionen. Mein Bettnachbar ist der Meinung, dass diese Riesenbaustelle in den Wäldern auch den Alliierten nicht entgangen sein kann. Sie beherrschen schon lange den deutschen Luftraum, täglich können wir die Pulks und ihre Kondensstreifen am Himmel sehen. Warum greifen die Alliierten nicht ein? Viele Fragen.

Auch der Sanitäter beteiligt sich an der Diskussion. Er ist erstaunlich gut über die Lage an den Fronten informiert, und ich höre, dass es für die deutsche Wehrmacht und ihre Verbündeten gar nicht so gut aussieht, dass der Krieg wahrscheinlich in wenigen Monaten beendet sein wird. Nicht mit einem deutschen Sieg.

Wenn das meine Kameraden erfahren! Der Sanitäter bezieht seine Kenntnisse aus dem Radio im SS-Arztzimmer. Immer dann, wenn die SS-Ärzte dienstfrei haben, hören die Sanitätshäftlinge deutsche und alliierte Sender ab. Am beliebtesten sind die Sendungen der BBC, in denen seit Neuestem kommentarlos die deutschen und die englischen Frontberichte nebeneinander verlesen werden. Die Widersprüche lassen hoffen.

Meine Wunde heilt schnell. Erst drei Tage sind seit der Operation vergangen. Zur Untersuchung und zum Neuverbinden komme ich zum Häftlingsarzt, dem Assistenten des SS-Arztes. Er ist Landsmann, dem Alter nach in den Dreißigern. Wir sitzen uns gegenüber, unterhalten uns über die Heimat, die Familien und die Lagerbedingungen. Es stellt sich heraus, dass seine verheiratete Schwester in meiner Heimatstadt wohnt. Wir tauschen Erinnerungen an die Stadt. Wie lange ist das schon her! Ich schildere ihm meine Verhaftung, den Transport, die Bedingungen im Lager. Meinem Kameraden geht es bedeutend besser als mir, bessere Unterkunft, besseres Essen, mehr Freiheiten. Und er kann anderen helfen. Aus diesem Gefühl schöpft er Kraft.

Am Ende unseres Gesprächs ist Schweigen. Wir starren vor uns hin, hängen unseren Gedanken nach. Mein Gegenüber setzt das Gespräch fort: „Siehst du diese Baracke uns gegenüber? Dort sind die so genannten Sonderfälle untergebracht. Ich selbst habe dort als Häftling keinen Zutritt, nur die SS. Aber ich habe Ohren zum Hören und Augen zum Sehen. Auch wenn ich nicht jedes Wort der deutschen Ärzte verstehe, kann ich doch Krankenberichte lesen. Sie haben dort Häftlinge untergebracht, mit deren Krankheitsbildern sie offensichtlich Schwierigkeiten haben. Diese Menschen sind körperlich am Ende. Die eine Gruppe nennen sie wegen ihres Aussehens Kanarienvögel. Die Haut dieser Kranken ist durchweg gelb. Ich kenne solche Erkrankungen von Bildern her. Beschäftigte in der Rüstungsindustrie, früher zumeist Frauen, bekommen dieses Aussehen beim Umgang mit Schießstoffen. Also müssen die Deutschen irgendwo hier Minen oder Granaten abfüllen. Die zweite Gruppe leidet unter Verbrennungen. Ich habe so etwas noch nie gesehen oder gelesen. Gänzlich verbrannte Körper, aber nicht von einem Feuer, sondern großflächig verbrannt, wie von einer sonnenähnlichen Quelle. Und dann die Hautkranken, Körper, übersät von Ekzemen. Aus dem Ersten Weltkrieg gibt es Bilder von gaskranken Soldaten. So sehen diese armen Kreaturen aus. Das sonderbarste aber ist, dass diese Menschen zu keinem der umliegenden Lager zu gehören scheinen. In keiner Krankenakte findet sich ein Herkunftsvermerk. Kann es sein, dass bisher ungenannte Lager existieren, oder aber Häftlinge an gänzlich isolierten Orten leben und arbeiten?" „Oder aber direkt am Arbeitsort untergebracht sind, zum Beispiel im Berg?", frage ich zurück. Mein Kamerad schließt diese Möglichkeit nicht aus. Neue Fragen. Wir vereinbaren Stillschweigen, auch zu den anderen Mithäftlingen. Ich habe wieder Stoff zum Nachdenken.

Nach fünf Tagen ist die schöne Zeit vorbei, ich werde entlassen. Von meinem Landsmann erhalte ich als Abschiedsgeschenk neue Kleidung, Hemd, Hose, Jacke. Das Krankenhaushemd dient als Unterwäsche. Ich bin mir fast sicher, dass meine Staffage von einem toten Kameraden stammt. Aber daran mag ich nicht denken, zu groß ist die Freude. Mein Passierschein und meine Armbinde bringen mich zurück zu den Arbeitskameraden. Noch eine Woche darf ich im Lager arbeiten, dann geht es wieder auf den Holzplatz. Es gibt Neuigkeiten: wir arbeiten jetzt nicht mehr acht, sondern zwölf Stunden und – Rudi ist weg. „Einfach abgehauen", sagt Marek, „und noch nicht einmal seine Klamotten hat er hier gelassen." Scheinbar haben die Beschwerden aus Rudis Familie Erfolg gehabt. Anruf vom Lagerführer im Holzwerk, zurück ins Lager, Entlassung.

Es gibt noch Wunder in Deutschland.

VIII

Der abgedunkelte Zug traf wenige Stunden nach Mitternacht ein. Abgesehen von den SS-Posten war der Bahnhof menschenleer. General Kammler und drei Männer in seiner Begleitung traten aus dem Bahnhofsgebäude und nahmen am Einstieg des dritten Wagons Aufstellung. Türen öffneten sich, die Männer der Zugbegleitung ergossen sich auf den Bahnhof und sicherten. Am Fenster des dritten Wagons erschien das Gesicht des Reichsführers. „Heil Hitler, mein lieber Kammler", begrüßte Himmler den in strammer Haltung wartenden Obergruppenführer. „Steigen Sie ein, beim Frühstück lässt es sich leichter reden!"

Nachdem Kammler und die Herren seiner Begleitung den Zug bestiegen hatten, verließen auch die Wachen den Bahnsteig. Der Zug fuhr an und entfernte sich über ein Nebengleis aus der Station.

Nach nur wenigen Minuten war von den vorausgehenden Ereignissen nichts mehr zu ahnen. Im Salonwagen des Reichsführers war es gemütlich warm. Trotzdem legte Dr. Kammler nicht ab, er nahm im Mantel am Tisch Platz, die Fahrt würde nur wenige Minuten dauern. Der Reichsführer schien guter Laune zu sein. Nachdem Kammler die Herren seiner Begleitung vorgestellt hatte, übernahm Himmler die Unterhaltung. „Obergruppenführer, ich brauche Ihnen nicht zu sagen, dass es ernst um das Reich steht. Unsere Bemühungen, die Kontakte mit den Amerikanern und Engländern aufzubauen, brauchen noch Zeit, wir sind dabei, die Frontlinien weiter zu stabilisieren. Unsere Hoffnungen beruhen auf Schörner und auf den Maßnahmen, die seit Anfang März hier unter Ihrer Leitung getroffen werden. Wir müssen mitten in Deutschland eine Bastion errichten, die es uns gestattet, die Entwicklung der Dinge abzuwarten und diese im richtigen Moment schlagkräftig zu beeinflussen. Deshalb auch der Auftrag des Führers, an diesem Ort in Thüringen zusätzlich zu den ohnehin schon getroffenen Maßnahmen ein Ausweichquartier zu schaffen. Sie wissen, wie schwierig es war, den Führer von unserem Vorhaben zu überzeugen. Wir Männer der SS werden es sein, die einen Ausweg aus der gegenwärtigen Situation aufzeigen. Die Konzentration unserer Kräfte und unserer neuen Technologien an diesem Ort werden den Führer beeindrucken. Ich bitte Sie, mein lieber Kammler, mir gegenüber nicht hinter dem Berg zu halten. Wir werden uns heute, und deshalb bin ich dem Führer vorausgefahren, von Ihren Arbeiten ein Bild machen und dem Führer beweisen, dass seine SS treu zu ihm steht. Wir werden ihn wissen lassen, dass unsere Männer nicht nur kämpfen, sondern auch die neuen Waffen für den Endsieg selbst schmieden können. Mit dem bisherigen Hickhack und Kompetenzgerangel muss für immer Schluss sein! Nur die Konzentration aller Entwicklungen in einer Hand führt zur Lösung unserer Probleme! Deutschland hat schon zu viel Zeit verloren. Wir müssen uns endlich auf das Neue besinnen. Also, Obergruppenführer, gehen wir es an!"

In der Zwischenzeit hatte der Zug sein Ziel, einen unterirdisch gelegenen Bahnhof, erreicht. Himmler und Kammler mit ihren Begleitungen verließen die Wagons, stiegen in die bereitstehenden Wagen und fuhren in ein beleuchtetes Tunnelsystem. Links und rechts der Betonstraßen standen SS-Posten. Nach Passieren mehrerer schwerer Tore erreichte die Kolonne einen kleinen Platz. Hier blieben die Wagen zurück, man ging zu Fuß weiter. Immer wieder von Kontrollen aufgehalten, bestiegen die Männer schließlich einen Fahrstuhl und gelangten nach längerer Fahrt in die Tiefe und dem Passieren mehrerer Gänge in einen Vorraum, der zu einem größeren Besprechungsraum führte. Nur Himmler und Kammler betraten diesen, die restliche Begleitung musste im Vorraum warten.

Ein übersichtlich angefertigtes Modell der gesamten Anlagen im Gebiet Ohrdruf, unterstützt durch Fotografien und Schnitte an den Wänden des Raumes, war aufgebaut. Der Reichsführer betrachtete zunächst das Modell und die dazugehörigen Schnitte. „Eine immense Arbeit für diese kurze Zeit. Noch schwieriger wahrscheinlich, tausende von Arbeitskräften in kurzer Zeit zu konzentrieren und zu versorgen. Aber da haben Sie ja Erfahrung, lieber Kammler", sagte er nachdenklich. „Außergewöhnliche Zeiten erfordern außergewöhnliche Mittel! Ich darf Sie, Reichsführer, daran erinnern, dass ich an diesem Objekt erst seit kurzem arbeite. Der Großteil der Schwierigkeiten musste von meinen Vorgängern bewältigt werden. Auf die Bauphase hatte ich kaum noch Einfluss, habe mich aber bemüht, Ihren Anforderungen an Einrichtung und Technologien gerecht zu werden. Wenn Sie gestatten, werde ich dazu vortragen." Himmler ermunterte durch kurzes Nicken. Kammler trat an das Modell.

„In dieses Objekt sind unsere gesamten Erfahrungen der Aktion 'In den Berg' eingeflossen. Direkte Zusammenhänge im Aufbau der Anlage bestehen mit dem Objekt 'Riese' in Schlesien, das leichte Änderungen erfahren hat. Mehr war in der Kürze der Zeit nicht möglich. Einzelheiten der Trassenführungen zwischen den einzelnen Objektteilen und Sicherheitseinrichtungen, wie Außenverblendung und Tarnung, wurden aus den Erfahrungen der Vorhaben 'Wolfsschanze' bei Rastenburg und 'Ostwall' im Gebiet der Oder übernommen. Sie sehen,

Reichsführer, dass wir uns an dieser Stelle zirka achtzig Meter unter der Erdoberfläche befinden. Die größte Tiefe erreichen wir an dieser Stelle, wo sich die Atommaschine, der Reaktor, befindet, die geringste Entfernung von der Oberfläche besitzen unsere Verbindungsstraßen. Aber auch sie sind immerhin noch zwanzig bis vierzig Meter tief gelegen. Die Ausdehnung unseres Vorhabens beträgt insgesamt fast sechzig Quadratkilometer. Es ist verständlich, dass wir der Tarnung nach außen und aus der Luft den Vorrang eingeräumt haben. Weder durch Fotografie noch durch physikalische Messungen sind unsere Räume erfassbar. Sämtliche Ein- und Ausgänge sind infanteristisch abgesichert und nur für Eingeweihte passierbar. Natürlich wurde auch der Katastrophenfall einkalkuliert: Spreng- und Sperrfallen sowie minierte Räume schließen eventuelle unerwünschte Kenntnisnahme unserer Objekte für alle Zeiten aus.

Lassen Sie mich nun die einzelnen Objekte erläutern: Herzstück unserer Anlagen ist die Energieerzeugung. Sie basiert auf Forschungsergebnissen des in Belgrad befindlichen Tesla-Instituts. 1941 haben unsere Spezialisten die theoretischen und praktischen Forschungsergebnisse dieser Einrichtung requiriert. Dabei stießen sie auf völlig neue Prinzipien der Energiegewinnung aus der Atmosphäre und dem Gravitationsfeld der Erde und auf Konstruktionsunterlagen für Maschinen, die die bisherigen Energiequellen überflüssig machen. Eine solches Aggregat, wir nennen es Pulsar, haben wir installiert. Selbst wenn wir einmal nicht mehr existieren, wird es noch Energie erzeugen können. Bitte, Reichsführer, fragen Sie mich nicht nach Einzelheiten. Wenn Sie es wünschen, werde ich Sie mit Professor Kamper aus Stuttgart bekannt machen, dem wir diese Installationen verdanken."

Der Reichsführer winkte dankend ab. „Ihre Umsetzung erfährt die so erzeugte Energie durch eine Großzahl von Generatoren. Wir wären damit ohne weiteres in der Lage, eine Millionenstadt mit Wärme und elektrischem Strom zu versorgen. Zur Autarkie unserer Anlagen tragen eine Reihe von Tiefbrunnen bei, natürlich von außen nicht beeinflussbar. Zwei in der Nähe befindliche Fernmeldeämter, moderner als die der Wehrmacht in Wünsdorf und Zossen, sichern die Verbindung zur Außenwelt und zum internationalen Kabel.

Wie Sie sehen können, erreichen wir mit unseren unterirdischen Anlagen die Dimensionen einer Stadt. Und so können wir sie mit Recht benennen – eine Stadt im Berg. Kasernen, Lazarette, zwei Bahnhöfe, Garagen, Hangars, Bäckereien und Fleischereien, Büros, Kantinen, Wohnanlagen, Aufenthaltsräume, Laboratorien, Produktionsanlagen, Waffenstände, Straßen, eine eigene Kläranlage – alles geschaffen für ein aktives Überleben im Untergrund. Nahrungsmittellager für die Menschen und Rohstofflager für die Fabrikanlagen lassen ein mehrmonatiges Durchhalten zu. Sämtliche Zufahrten und Zugänge sind von außen nicht wahrnehmbar, hydraulisch einfahrbare Verblendungen sichern gegen unerwünschte Einblicke. Wie ich schon erwähnte, haben wir hier die Erfahrungen aus den Bauten im Oder-Warthe-Bogen genutzt. Als Notausstiege dienen im Gefahrfall neutrale Ein- und Ausgänge zu den Kellern einzelner in den Dörfern gelegener Häuser, die von unseren Leuten bewohnt sind. Um unser Objekt befinden sich mehrere Ringe ausfahrbarer Panzerwerke, ausreichend armiert und bewaffnet, um Angriffe durch Panzer, schwere Artillerie und Infanterie abzublocken.

Zur Abwehr von Luftangriffen verfügen wir über getarnte Flakstände und neuartige Boden-Luft-Raketen sowie unsere neuen Turbinenjäger Me 262, die sich bereits im Abwehrkampf über Berlin bewähren. Einzelheiten dazu, sowie über die in Gotha entwickelten Horton-Flugzeuge und die beabsichtigte Fertigung beider Systeme in unseren hiesigen Anlagen, werden wir morgen von unseren Fachleuten hören. Auch zu einem neuartigen Luftabwehrsystem, das jegliches Eindringen feindlicher Flugzeuge in den hiesigen Luftraum vereitelt. Dieses System wird in Zukunft die Luftabwehr revolutionieren. Dank einer vom Boden ausgesendeten Sperrstrahlung sind wir in der Lage, die Motoren feindlicher Bomber- und Jagdverbände außer Betrieb zu setzen und die Maschinen zum Absturz zu bringen. Erste Erfolge damit konnten wir im diesjährigen Februar hier in Ohrdruf verbuchen. Mit der Bombardierung unserer Städte wird in naher Zukunft endgültig Schluss sein. Die von uns entwickelten und einzusetzenden Technologien bedeuten für das Reich erhöhten Schutz bei geringsten personellen Aufwänden und Verlusten. Ich muss noch erwähnen, dass es uns in dem von Ihnen befohlenen Zeitraum auch möglich war, sämtliche deutschen Forschungsunterlagen im Hinblick auf neue Waffen- und Abwehrsysteme sowie Energiegewinnungsanlagen hier zu deponieren. Deutschland wird nach dem Kriege die Welt überzeugen, dass es nicht nur im Felde zu siegen versteht!"

Himmler hatte seinen Platz verlassen und schien in Betrachtung des Modells versunken. Offensichtlich war er von dem Gesehenen und Gehörten beeindruckt. Nach einiger Zeit des Nachdenkens sagte er: „Sie haben mich wieder einmal von Ihren Arbeiten überzeugt, mein lieber Kammler, und ich glaube, dass Sie auch den Führer überzeugen werden. Natürlich dürfen wir ihn morgen nicht überfordern. Ich stelle mir vor, dass wir ihn nur mit den wichtigsten Fakten bekannt machen werden, vorrangig mit solchen, die entscheidend für das Überleben des Reiches sind. Damit meine ich besonders die neuen Waffensysteme, mit denen wir den Alliierten begegnen und unser Schicksal wenden wollen. Wie ich weiß, haben Sie die dafür kompetenten Herren nach Luisenthal eingeladen. Der Führer wird sich trotz der schwierigen Lage mehrere Tage Zeit nehmen, die wichtigsten Fakten und sein persönliches Quartier kennen zu lernen. Ich werde ihn vorab über Ihren Vortrag informieren. Wie Sie sich denken können, belastet den Führer die gegenwärtige Situation sehr. Lassen Sie uns also gemeinsam dazu beitragen, ihn in der Überzeugung zu bestärken, dass seine SS die Zukunft des Deutschen Reiches sichert.

Mich bewegen noch etliche Fragen, die ich Ihnen gern stellen würde. Zum Ersten: Am Objekt Olga sind tausende von Menschen beteiligt. Wie haben Sie und Ihre Vorgänger unser Vorhaben vor Verrat geschützt? Zum Zweiten: Können Sie persönlich garantieren, dass unsere Offensivwaffen, ich meine damit besonders die Amerika-Rakete und ihre Bestückung, rechtzeitig zur Verfügung stehen? Und schließlich Drittens: Ist wirklich alles getan worden, die Unterkunft des Führers absolut abzuschirmen und ihr Geheimnis zu wahren?"

Kammler blieb vor dem Reichsführer stehen, sah diesen an. Er wusste, dass Himmler von ihm die absolute Wahrheit erwartete. Er wusste aber auch, dass ihm nur diese blieb, da der Reichsführer auf Grund der ihm zur Verfügung stehenden Quellen ohnehin bestens informiert war. Dass er nicht schon an irgend einer Stelle des Unternehmens dessen Gang beeinflusst hatte, sprach von seinem stillschweigenden Einverständnis mit den bisher getroffenen Maßnahmen Kammlers. „Ich kann Ihnen, Reichsführer, versichern, dass wir auch bei der Durchführung des Projektes Olga nicht von unseren Prinzipien der Geheimhaltung abgewichen sind. Im Gegenteil, wir haben, wie schon vorher in Nordhausen und bei ähnlichen Vorhaben, mit einem ausgewählten und sicheren Personenkreis gearbeitet. Es wird streng darauf geachtet, dass keiner der Beteiligten Einsicht in die Arbeit des anderen gewinnen kann. Sämtliche Aufgabengebiete sind voneinander getrennt, nur bei Arbeitsbesprechungen zwischen den einzelnen Gewerken kommt es zu Abstimmungen, aber stets derart, dass kaum Zusammenhänge erkennbar sind. Die notwendigen Unterlagen verbleiben konsequent am Arbeitsort und werden, auch in den Arbeitspausen, stets verschlossen gelagert. Die ingenieurtechnischen Kräfte sind nur bis zum Abschluss der ihnen übertragenen Arbeiten hier und verlassen uns nicht ohne abgegebene Erklärung zur Verschwiegenheit. Wir wechseln das Personal so oft als möglich. Nur zwei Männer meines Stabes und ich haben Einsicht in das Gesamtprojekt. Und diese sind absolut zuverlässig, dafür bürge ich persönlich.

Die Arbeit an dem vorliegenden Modell wurde von Fachleuten unter den Häftlingen erledigt. Diese wurden streng isoliert, bekamen nur Teilaufgaben, so dass sie den Eindruck haben mussten, einzelne Fabriken oder Unterkünfte zu modellieren. Nach Abschluss ihrer Aufgaben haben wir sie selbstverständlich liquidiert. Die Zusammensetzung des Modells habe ich gestern persönlich und allein vorgenommen, das betrifft auch die Zusammenstellung der vorliegenden Schnitte und Fotografien. Danach habe ich den Raum versiegelt und den Schlüssel an mich genommen. Ich werde auch persönlich das Modell und die dazugehörigen Unterlagen vernichten. Niemand außer Ihnen und dem von Ihnen befohlenen Personenkreis wird umfassende Kenntnisse über Olga erlangen können.

Natürlich hatten und haben wir Überflüge durch alliierte Aufklärungsflugzeuge. Unsere Mundlöcher in den Felsen, der Maschinenpark und der Arbeitsbetrieb lassen sich nicht verbergen. Wir geben uns auch keine besondere Mühe, das zu tun.

Sollen die Amerikaner und Engländer ruhig wissen, dass wir hier bauen, wie an den verschiedensten Stellen im übrigen Reich. Mir ist bisher nicht bekannt geworden, dass sie unserer Baustelle besondere Bedeutung zumessen."

„Mir auch nicht, Kammler", entgegnete Himmler. „Es wird zwar in den umliegenden Ortschaften geredet, aber das ist normal. Bis heute ist mir kein Geheimnisverrat bekannt. Aber bitte, fahren Sie fort!"

„Ein Problem ist die Masse der arbeitenden Häftlinge. Aber auch hier kommen uns unsere Erfahrungen zugute. Gewerke und Baustellen sind so getrennt und zum Teil voneinander isoliert, dass weder die Zivilbeschäftigten noch die Häftlinge selbst Zusammenhänge erkennen könnten. An einzelnen prekären Stellen, ich denke hier zum Beispiel an die vorbereitenden Arbeiten zur Installation der Atommaschine und der Raketen, wurde das dort tätige Kontingent sofort nach Beendigung der Tätigkeit liquidiert. Auch für die in der Versuchsproduktion für Gase tätigen Häftlinge verbleibt uns nur der Weg der Vernichtung. Ich muss aber in diesem Zusammenhang anfügen, dass der Verschleiß an Menschenmaterial nur Wenigen Überlebenschancen lässt. Um ganz sicher zu gehen, internieren wir mit bestimmten Arbeiten Beschäftigte direkt am Arbeitsort im Berg, sodass jeglicher Außenkontakt unterbunden ist."

„Und wenn eine schnelle Aufgabe des Objektes in seiner Gesamtheit notwendig würde, was dann", warf Himmler ein.

„Dann, Reichsführer, vernichten wir alles darin Befindliche vollkommen und dauerhaft in kurzer Zeit. Niemanden wird es später gelingen, den Zweck unserer Arbeiten zu erkennen. Selbst spätere Grabungen würden nichts ergeben, da die aussetzende Klimatisierung und das eindringende Wasser in kurzer Zeit eine Luftfeuchtigkeit von einhundert Prozent schaffen würden."

Himmler nickte bejahend. „Das ist der einzige richtige Weg, Obergruppenführer. Es wäre eine Katastrophe für uns und unsere Nachkommen, wenn die Welt von unseren Vorhaben erfahren würde. Kommen Sie bitte zu meiner zweiten Frage!"

„Die Amerika-Rakete, oder auch New York-Rakete, wie wir sie nennen, ist fertig installiert, Reichsführer. Wir werden sie dem Führer in betriebsbereitem Stadium vorführen können. Mit dieser Rakete transportieren wir innerhalb von fünfunddreißig Minuten Sprengladungen bis zu einer Tonne nach Amerika. Wir sind damit in der Lage, die amerikanische Bevölkerung moralisch zu beeinflussen und somit Druck auf die amerikanische Regierung und die Alliierten auszuüben. Zu den Einzelheiten der Steuerung und des Einsatzes werden morgen, wie von Ihnen angeordnet, die Spezialisten berichten. Natürlich würde die Detonation einer so geringen Menge herkömmlichen Sprengstoffs kaum die gewünschte Wirkung erzielen. Deshalb haben wir rechtzeitig die unter der Koordination von Minister Speer zu Beginn der vierziger Jahre entstandenen Ergebnisse verschiedener deutscher Arbeitsgruppen zur Atomspaltung benutzt, um die am meisten fortgeschrittenen Arbeiten praktisch umsetzen zu können. Die Herren Diebner und Gerlach wurden zu diesem Zweck in das benachbarte Stadtilm verbracht, um in unserer Nähe zu arbeiten. Aus Gründen der Geheimhaltung verfügen sie natürlich außerdem über modernste Arbeitsmöglichkeiten hier im Tal.

Dank unserer vorausschauenden Maßnahmen und der bei Nordhausen gesammelten Erfahrungen besitzen wir zum jetzigen Zeitpunkt bereits eine Raketenfertigung in einem unterirdischen Objekt bei Crawinkel einschließlich genügender Vorräte für weitere Fertigungen. Das Objekt und die dort tätigen Arbeitskräfte, sämtlich Häftlinge, sind streng isoliert von den übrigen Vorhaben S III. Die Unterbringung der Arbeitenden erfolgt am Arbeitsort selbst, Entlassungen nach außen erfolgen nicht. Ich will damit ausdrücken, dass uns die Produktion von Fernraketen und die damit verbundene Fertigung ähnlicher Waffen, ich denke dabei an die neue Generation strahlgetriebener Fernbomber und Jäger, keine Probleme bereitet. Sorgen haben wir, und das kann auch dem Führer nicht verschwiegen werden, mit der Bestückung der Raketen. Wie mir Herr Dr. Diebner erst heute Morgen nochmals bestätigte, dauern die Arbeiten zum Zündmechanismus unserer neuen Bomben an und können auch nicht – bei aller Anstrengung – vor den nächsten vierzehn Tagen beendet sein. Das heißt, unsere erste Rakete kann nicht vor dem 10. April startfertig gemeldet werden. Wir verfügen zurzeit über zwei kleine, im Vergleich kürbisgroße Bomben mit einer Sprengkraft von vielen tausend Tonnen und mit einem wahrscheinlichen Zerstörungsradius von fünf Kilometern. Außer Detonationsschäden werden die Explosionen Auswirkungen auf die Gesundheit der Überlebenden außerhalb des betroffenen Territoriums haben, deren Umfang wir noch nicht kennen. Unsere Erfahrungen mit den verwendeten Materialien deuten auf Strahlenschäden hin. Mir liegen Berichte vor, dass in den von uns betriebenen Objekten in vermehrtem Maße unreparable Hautschäden unter den Häftlingen und auch Technikern und Wissenschaftlern unter gleichzeitiger starker Veränderung des Blutbildes auftreten. Die Krankheitsbilder ähneln zwar denen, die unter den Beschäftigen in der Giftgasproduktion üblich sind, lassen aber herkömmliche Behandlungen nicht zu. Wenn unsere Waffen zum Einsatz kommen, wird sich das Führerwort von der Wunderwaffe mehrheitlich und furchtbar beweisen."

Himmler sagte nach den letzten Ausführungen Kammlers nichts, sah in Gedanken versunken und ernst vor sich hin. Schweigen lag im Raum, Nachdenklichkeit über das Gesagte. „Ihre Einschätzungen könnten sich schicksalsschwer für das Reich auswirken, Kammler", sagte er endlich. „Das Einzige, was wir nicht haben, ist Zeit. Und genau diese verlangen Sie von uns. Wie kann der Führer dafür Einsicht zeigen? Bei allem Verständnis für die technischen Probleme und bei aller Anerkennung unserer Anstrengungen wird ihm das wenig gefallen. Ich erspare mir die Frage, ob von Ihrer Seite alles nur Mögliche getan wurde, ehe Sie zu den dargelegten Schlüssen kamen. Sie sehen keinen Ausweg, nur allein die Zeit?"

„Nur die Zeit, Reichsführer", war die Antwort von Kammler. „Leider sind wir noch nicht in der Lage, derartige und für uns neue physikalische Vorgänge beeinflussen zu können. Hier setzt die Wissenschaft Grenzen."

„Dann lassen Sie uns diesen wenig erfreulichen Schluss dem Führer vortragen", beendete Himmler diesen Punkt. „Kommen Sie bitte zur Beantwortung meiner Frage bezüglich der Sicherheit der Führerunterkunft!"

Kammler ging zunächst zu einem an der Wand hängenden Kartenausschnitt, der zugleich geologische Profilschnitte erkennen ließ. „Die Führerbunker befinden sich im zentralen Bereich des ehemaligen Truppenübungsplatzes, hier mit der

Ortsbezeichnung „Klipper" versehen. Die Arbeiten an dieser unterirdischen Anlage betrafen zuerst nur die Einrichtung der Raketenleitstände für das Gesamtobjekt S III, erst seit wenigen Wochen, seit Ihrem Befehl vom 9. 3. und meiner Kommandierung, wurden die ursprünglichen Pläne abgeändert und um den Bau des Führerhauptquartiers erweitert. Innerhalb der schon bestehenden Projekte stellt dieses die für uns höchste Geheimhaltungsstufe dar. Die eingesetzten SS-Wachen, das technische Personal und die verwendeten Häftlingskontingente leben streng isoliert in einem auf der Baustelle befindlichen Sonderlager, das nicht verlassen werden darf. Die Verschwiegenheit der SS-Männer und der technischen Kräfte ist abgesichert, mit den Häftlingen geschieht nach Abschluss der Arbeiten das Übliche.

Über Zufahrtswege, Straßenanbindungen unter Tage, technische Einzelheiten der anliegenden Hangars, das installierte Kommunikationssystem sowie andere Einzelheiten der Einrichtungen für den Führer besitze nur ich allein die notwendigen Gesamtunterlagen. Im Falle meines Ausfalles werden diese vollständig vernichtet, Kopien sind nicht vorhanden.

Das Gleiche trifft auf die Maßnahmen für die militärische Verteidigung des bebauten Territoriums zu. Auch sie sind gesichert. Ich erkläre Ihnen, Reichsführer, dass durch Einsatz modernster technischer Mittel für heute und die Zukunft garantiert ist, dass feindliche Aufklärer schon beim Überfliegen unseres Raumes Schwierigkeiten bekommen werden. Und zwar ohne verräterischen Boden-Luft-Beschuss! Erstmals in der Kriegsgeschichte setzen wir die schon erwähnten Sperrfelder zur Abwehr feindlicher Fliegerkräfte ein.

Weiterhin sind wir in der Lage, mittels dieser Strahlung sämtliche sich nähernden Fahrzeuge mit Verbrennungsmotoren, also Straßen- und Geländefahrzeuge, stillzulegen. Mögliche Angriffe erliegen so schon im Ansatz. Gegen jegliche Feindeinbrüche ist das Objekt abgesichert. Wie ich gleichfalls schon erwähnte, ist das Objekt aus der Luft nicht erfassbar. Der Schutz des Führers und seiner Stäbe ist gewährleistet."

Himmler erhob sich. „Gut, Obergruppenführer, lassen sie uns nun den Ablauf der nächsten Tage besprechen!"

IX

Am Morgen des 28. März, pünktlich um sieben Uhr dreißig, traf der Sonderzug des Führerhauptquartiers auf dem Bahnhof Crawinkel ein. Die ohnehin schon getroffenen Sicherheitsvorkehrungen waren nochmals erweitert worden: Der Bahnhof und seine unmittelbare Umgebung waren frei von Zivilisten, auch Bahnangestellte durften das Gelände nicht betreten. Schon am Vorabend hatten Teile der 6. SS-Gebirgsdivision drei weitläufige Ringe um die Orte Wölfis, Ohrdruf und Crawinkel gezogen, sämtliche Durchfahrtsstraßen aus den Richtungen Arnstadt, Gotha und Eisenach und die Verbindungsstraße zur nahe gelegenen Autobahn waren gesperrt worden. Zusätzlich herangezogene und in Erfurt und Gotha stationierte Fliegerkräfte sicherten den Luftraum über Crawinkel, Gotha, Ohrdruf und Arnstadt ab. Eine seit Tagen angeordnete Nachrichtensperre isolierte das gesamte Objekt Olga von der Außenwelt. Selbst wichtige und ranghohe Mitarbeiter ahnten nichts vom Besuch Hitlers.

Zuerst verließ die Wache des Führerhauptquartiers den Zug. Die Männer um Obergruppenführer Rattenhuber sicherten Zuggelände und Bahnsteig und bildeten einen Kordon an der Stelle des Bahnsteigs, an der der Führer den Zug verlassen würde. Hier wurden Hitler und sein Gefolge von Reichsführer Heinrich Himmler, Oberst Streve als Kommandant des Führerhauptquartiers, Obergruppenführer Kammler und Hauptsturmführer Gerrit Oldeboershuis als Leiter des SS-Führungsstabes Luisenthal erwartet.

Hitler verließ den Wagon, begrüßte kurz Himmler und dessen Begleitung und begab sich mit den Mitgliedern der Reichsregierung und deren Stäben zu den bereit stehenden Wagen. Hitler und Himmler bestiegen gemeinsam das Führungsfahrzeug, Reichsminister Albert Speer, Reichsmarschall Göring, Reichsaußenminister Ribbentrop, Reichsleiter Martin Bormann, Generalfeldmarschall Wilhelm Keitel, Generaloberst Alfred Jodl und Generalfeldmarschall Albert Kesselring sowie deren Stabsangehörige verteilten sich auf die übrigen Fahrzeuge. Der Konvoi verließ das Bahnhofsgelände, die Absperrungen wurden aufgehoben. Das rollende Führerhauptquartier wurde aus dem Bahnhof rangiert, um im nahe gelegenen Brandleitetunnel abgestellt zu werden.

Man sah dem Führer an, dass ihn die Rakete beeindruckte. Sein mürrisches Gesicht hellte sich sichtlich auf. Aufmerksam betrachtete er den Koloss mit seinen zahlreichen Zuleitungen, seiner blank polierten Oberfläche und den Wartungsbühnen, die sich bis zur Spitze hinaufzogen. Natürlich war er über die Vorgeschichte seines Lieblingskindes informiert, hatte ihre Entwicklung seit 1940 verfolgt und, trotz notwendiger anderer Entscheidungen und Unterbrechungen, ihre Fertigstellung nie aus dem Auge gelassen. Nun stand er ihr gegenüber. Seinem Werk, seiner Wunderwaffe. Hitlers ganze Hoffnung war in diesem Projekt konzentriert. Hiermit, und nur hiermit, wollte er das Kriegsglück zwingen. Nur wenige Tage noch trennten ihn von der Verwirklichung seines Traums: ein trotz aller Widrigkeiten sich in letzter Stunde aufbäumendes Deutschland, das mit einem bisher unbekannten und in diesen Dimensionen nicht fassbaren Schlag auf seine Gegner einwirkt, Chaos von den Mutterländern der alliierten Truppen bis zum letzten Frontsoldaten erzeugt und weltweit beweist, zu welchem militärischen Aufschwung das Deutsche Reich fähig ist! Das war kein Traum mehr, das war Wirklichkeit!

Auch Speer, Göring, und Kesselring konnten sich der Wirkung der Rakete nicht entziehen. Himmler und Kammler registrierten diesen Eindruck mit Genugtuung. Die Anstrengungen der letzten Wochen hatten sich gelohnt, hier stand ihr Werk. Allen Prophezeiungen zum Trotz hatte sich die SS in den letzten Monaten gegen die Konkurrenten aus den Forschungsstäben der Wehrmacht und Luftwaffe durchgesetzt.

Der Führer würde seiner SS niemals vergessen, was sie zur Rettung des Deutschen Reiches beigetragen hatte, und natürlich auch nicht den Personenkreis, dessen Verdienst diese neue Hoffnung war.

Die Herren nahmen Platz. Minister Speer stellte Professor Stuhlenburg vor, der als Spezialist für Raketenabschüsse galt. Der Professor begann mit seinem Vortrag: „Die Amerika-Rakete ist eine zweistufige Fernrakete, die in der Lage ist, den Atlantik zu überfliegen. Sie besteht aus dem Treibsatz in Form einer A 9-Rakete und dem Geschossträger A 10. Die Lenkung des Geschosses in das Ziel übernimmt ein Pilot, der im Kopf der A 9 untergebracht ist. Nach Beendigung seiner Aufgabe verlässt dieser die Rakete am Fallschirm. Eine weitere Möglichkeit besteht darin, die Rakete über ein Funkleitsystem in das Ziel zu bringen. Dafür wurde im Atlantik ein Unterseeboot stationiert, ausgerüstet mit den notwendigen Systemen. Beide Lösungen sind ausgereift und einsatzfähig.

Zirka eine Minute nach dem Abschuss, nach Erreichen einer Höhe von 180 km und einer Geschwindigkeit von 4 320 Stundenkilometern, trennen sich beide Raketen, die A 9 steigt nun mit eigenem Antrieb und unter Einnahme einer Geschwindigkeit von 10 000 km in der Stunde auf eine Höhe von 350 km und geht in einen leicht geneigten Horizontalflug über. In dieser Phase beträgt die Geschwindigkeit der Rakete 7 850 Stundenkilometer, steigert sich aber durch ihren Bahnverlauf. Mit einer Leistung von insgesamt 2 300 000 PS, erzeugt durch 80 Tonnen Treibstoff, erreicht unsere Rakete die Vereinigten Staaten von Nordamerika in 35 Minuten. Eine Abwehr unseres Flugkörpers ist unter den zurzeit bestehenden technischen Gegebenheiten unwahrscheinlich. Sowohl Flughöhe als auch Fluggeschwindigkeit stellen diese Möglichkeit außer Betracht."

Hitler hatte den Vortrag aufmerksam verfolgt. Nun trat er nach vorn, um sich die Schaubilder der Raketenballistik und zu den Steuerungsmöglichkeiten näher zu betrachten. Er nickte dem Professor und Kammler anerkennend zu. „Könnten wir morgen starten, Professor?" fragte er und sah diesem ins Gesicht. „Wir könnten morgen starten, mein Führer", war die knappe Antwort Stuhlenburgs. Erleichterung hellte die Mienen der anwesenden Herren auf.

Nun trat Doktor Diebner als Verteter der Stadtilmer Forschungsgruppe an das Vortragspult.

„Mein Führer, meine Herren, lassen Sie mich nun die Bestückung des von meinem Vorgänger vorgestellten Geschosses erläutern. Mit der jetzigen technischen Ausrüstung und den damit erzielten Daten sind wir in der Lage, Massen bis zu einer Tonne in Fernziele zu verbringen. Damit stehen wir am Anfang einer Entwicklung, die eines Tages den Transport in weit größeren Dimensionen zulässt. Zur jetzigen Zeit wäre es verfehlt, den dargestellten Aufwand nur zu betreiben, um lediglich eine Tonne herkömmlichen Sprengstoffs in einem Ziel zu platzieren. Der Weitsicht des Führers ist es zu verdanken, dass wir uns in Deutschland in mehreren Arbeitsgruppen seit einigen Jahren mit völlig neuartigen Prinzipien der Energieerzeugung befassen, die auf der Kernspaltung in Atomen beruhen. Es ist uns in Stadtilm gelungen, diese Entwicklungen so weit zu treiben, dass wir zum jetzigen Zeitpunkt in der Lage sind, riesige Energien im Bruchteil von Sekunden freizusetzen. Die Dimensionen sind so groß, dass herkömmliche Sprengstoffsysteme nur noch zum Vergleich taugen. Im Falle der Freisetzung einer Explosion würde es zu Wärme- und Druckentwicklungen im betroffenen Raum von bisher nicht gekannten Dimensionen kommen, die über mehrere Quadratkilometer Zerstörungen an Anlagen und Gebäuden, militärischem Gerät und natürlich auch den Tod sämtlicher im betroffenen Bereich anwesender Individuen zur Folge hätten. Großflächige Brände, weitflächige Trümmerfelder sowie die Aufheizung der Zielräume lassen sofortige Rettungsmaßnahmen unter Einsatz traditioneller Mittel nicht zu. Außerdem rechnen wir mit Veränderungen der Atmosphäre über dem bombardierten Gebiet und dem Freiwerden von für den menschlichen Körper schädlichen Strahlungen. Zu den letzteren Fakten können wir nur spekulieren, da uns Erfahrungen fehlen. Zum jetzigen Zeitpunkt verfügen wir über zwei einsatzfähige Bomben, deren Wirkungsweise ich an diesem Modell erläutern möchte."

Diebner trat zu einem Gestell, das unmittelbar vor Hitler stand, und zeigte auf eine Kugel von der Größe eines mittelgroßen Kürbis. „Das ist unsere Entwicklung, unsere Bombe." Auf den Mienen der anwesenden Herren war die Ungläubigkeit nicht zu übersehen. Das sollte die Waffe sein, deren ungeheuren Einsatzfolgen eben geschildert worden waren? Im Vergleich zu den herkömmlichen großkalibrigen Ferngeschossen mit ihren verheerenden Wirkungen schien dieser übergroße Fußball ein Nichts. Und dann diese Zerstörungsausmaße? Das war einfach absurd, was sich diese unbekannten Spintisierer und ihre Schutzmacht, die SS, da ausgedacht hatten! Hier war selbst Himmler an die Grenzen seiner Glaubwürdigkeit gestoßen – und so etwas dem Führer glaubhaft machen zu wollen! Das war eine Farce!

Auf dem Gesicht Hitlers war keine Reaktion zu erkennen. Er hob kurz die Hand, Doktor Diebner möchte fortfahren in seinem

Vortrag. In der nächsten Stunde versuchte dieser, seinen Zuhörern die Grundzüge der Atomspaltung zu erläutern. Obwohl Diebner überzeugend und klar sprach, verblieb Skepsis im Raum. Die eintretende Stille nach dem Ende der Ausführungen wurde von Hitler unterbrochen: „Das, Herr Doktor Diebner, was Sie und Ihre Herren da geleistet haben, ist ungeheuerlich und wahrhaftig schwer zu fassen. Es ist fast unglaublich, dass in einem so kleinen Körper eine so gigantische Energie stecken soll. Aber wahrscheinlich geht die Kleinheit der von Ihnen so überzeugend geschilderten Teilchen über das Vorstellungsvermögen normaler Menschen hinaus. Ich selbst habe niemals an den Möglichkeiten, die die Atomzertrümmerung bietet, gezweifelt. Ihnen ist es gelungen, diese Kräfte zu bändigen und im rechten Moment abrufbar zu gestalten. Damit ist die Rettung unseres Vaterlandes keine Utopie, damit werden auch die schlimmsten Philister und Zweifler von der Kraft deutscher Waffen überzeugt werden. Wir werden der Welt zeigen, über welche Möglichkeiten deutscher Erfindergeist verfügen kann! Ich danke Ihnen, Herr Doktor Diebner!"

Die folgenden Vormittagsstunden wurden von Vorträgen zu neuen Waffensystemen ausgefüllt, die unter der Schirmherrschaft des Speer-Ministeriums und der Luftwaffe unter Hermann Göring entstanden waren. Vorgestellt wurden Modelle produktionsreifer Strahlbomber und -jäger mit erstaunlichen Leistungen, Tragkraft, Geschwindigkeit und Gipfelhöhe betreffend. Besonderen Eindruck hinterließen die Entwicklungen der im nahen Gotha ansässigen Flugzeugfabrik, der Überschalljäger Ho XIII-B und der Langstreckenschnellbomber Ho XVIII. Beim Ersteren handelte es sich um ein auf 70 Grad gepfeiltes Flugzeug, angetrieben mit zwei Strahlturbinen sowie 2 200-kgp-Schubraketen für den Notfall. Die maximal erreichbare Geschwindigkeit betrug 1 800 Stundenkilometer, die erreichbare Gipfelhöhe 15 000 Meter. Die Bewaffnung sollte aus zwei oder drei Maschinenkanonen MK 213/30 mm bestehen.

Für den Schnellbomber war ein Antrieb durch sechs Strahlturbinen vorgesehen, die ihm eine Geschwindigkeit von über 1 050 Kilometer pro Stunde erlaubten. Mit sechs Mann Besatzung und einer möglichen Bombenlast von 3,5 Tonnen war eine Reichweite von sensationellen 16 000 km möglich. In Bug und

Heck des Bombers befanden sich, in ferngesteuerten, schwenk-
baren Lafetten untergebracht, je zwei MK 213, von der Kanzel
aus über Periskopvisiere gesteuert.

Beeindruckend wirkten außerdem vorgestellte neue Prinzipien
einer elektronischen Luftabwehr, Boden-Luft-, Luft-Luft- und
Boden-Boden-Raketen, ausgestattet mit bisher unbekannten
Fernlenkungsprinzipien. Unter Jägern angebrachte Raketen-
werfer, Flugzeugraketen vom Typ R 4 M und X-Waffen, so genannte Schnüffler-Raketen mit akustischem Zielkopf, waren für
die wirksamere Bekämpfung der anglo-amerikanischen Bomberpulks vorgesehen. Gemeinsam mit den schon erfolgreich
über Berlin eingesetzten Me 262 würde es ab sofort möglich
sein, einfliegende feindliche Verbände nahezu ohne eigene
Verluste zu bekämpfen.

Damit war die Vorstellung neuer Waffen noch längst nicht beendet. Neue Kleinkampfmittel, neue Ausrüstungen für die Panzer-
und Schiffsbekämpfung sowie Sonderwaffen wurden erläutert.
Zu letzteren gehörte auch der Einsatz so genannter Todesstrah-
len, durch Kristalle gebündelte Energien, die die Vernichtung
gegnerischer Panzerkräfte ermöglichten.

Aufsehen erregte unter den Beteiligten das Projekt „Fliegende
Scheiben", vorgestellt im Modell, erarbeitet durch die Inge-
nieure der Gruppe Schriever der SS-Entwicklungsstelle Skoda.
Dieses seit 1941 bestehende Projekt bestand aus einem mit
verstellbaren Düsen bestückten Ring, der sich um eine zentral
angebrachte Führerkanzel bewegte. Bei Probeflügen wurde mit
diesem 42 Meter Durchmesser großem Gerät in nur drei Minuten
eine Geschwindigkeit von bis zu 4 000 Stundenkilometern in
einer Horizontalflughöhe von 12 400 Metern erreicht.

Am Ende des Vormittags und der Beendigung der Vorträge ließen sich auf den Gesichtern der Anwesenden Zufriedenheit und
Optimismus erkennen. Auch Hitler, der keinerlei Fragen gestellt
hatte, schien mit den Leistungen seiner Forschungsträger zufrieden. Göring und Speer unterhielten sich angeregt, Himmlers
Miene war nicht ohne Stolz. Die Herren verließen den Raum
und begaben sich mit Fahrstühlen zu ihren wartenden Wagen.
Das gemeinsame Ziel hieß Luisenthal, wo ab fünfzehn Uhr im
Gasthaus Deutscher Hof, streng von der Öffentlichkeit abge-
schirmt, Adolf Hitler zur gegenwärtigen Lage sprechen würde.

X

Im Saal waren zirka vierzig Personen anwesend. Vertreten waren sowohl die Mitglieder der Reichsregierung, wie Reichsführer SS Heinrich Himmler, Reichsaußenminister Joachim von Ribbentrop, der Reichsminister für Ernährung und Landwirtschaft Richard Walter Darrè, Reichsleiter Martin Bormann, der Reichsminister für Bewaffnung und Munition Albert Speer und Reichsluftmarschall Hermann Göring als auch der Generalbevollmächtigte für den Arbeitseinsatz und Reichsstatthalter in Thüringen, Fritz Sauckel.

Wehrmacht und Oberkommando vertraten Generalfeldmarschall Wilhelm Keitel, Generaloberst Alfred Jodl und der Oberbefehlshaber West, Generalfeldmarschall Albert Kesselring.

Aus dem nahen Elgersburg, wo jetzt die Diplomaten Japans residierten, waren drei Vertreter der Einladung gefolgt. Außerdem waren anwesend: Oberst Streve als Kommandant des Führerhauptquartiers, General der Infantrie Burgdorf als militärischer Chefadjutant Adolf Hitlers, der Leiter des SS-Führungsstabes Luisenthal, Hauptsturmführer Gerrit Oldeboershuis, Himmlers Chefadjutant Obersturmführer Grothmann, Vizeadmiral Karl Jesco von Puttkamer als Marineadjutant Hitlers und SS-Obergruppenführer Julius Schaub als Chef der persönlichen Adjutantur des Führers. Bei den restlichen Anwesenden handelte es sich um einen Kreis sorgfältig ausgewählter ranghoher Beamter aus Berliner und Thüringer Regierungsstellen, die in der Folge die Konsequenzen der Luisenthaler Tagung umzusetzen hatten.

Einziger Sprecher des Luisenthaler Treffens war Adolf Hitler. Bis heute ist der genaue Wortlaut seiner Rede unbekannt, da Aufzeichnungen nicht erlaubt waren. Bruchstückhaft sind aber einzelne Teile bekannt geworden, erhalten in einem beschädigten Gedächtnisprotokoll Schaubs. Hier die Fragmente aus der ungefähr einstündigen Rede:

„Ausbau Thüringens zum Trutzgau, ... Rohstofflage zwingt zu neuem Denken, ... Konzentration der Forschung zu neuen Waffen hat zu Erfolg geführt, ... endlich neue Generation einsatzfähiger Waffen, ... Offensivwaffen mit neuen Prinzipien, ... in der Lage, deutsche Ziele durch Fernwaffen zu erreichen, ohne

Territorium des Gegners zu betreten, ... Atombomben auf New York und Moskau, Giftgasvorhang an Ostfront wird Russen fürchterlich schaden, ... Zurückdrängen der Alliierten aus Frankreich mit neuen Raketenwaffen und Panzern, ... Schluss mit alliierten Bomberpulks über Deutschland durch neue Methoden der Luftabwehr, ... Beginn der deutschen Offensiven geht vom Jonastal aus, ... nur wenige Tage zur Absicherung letzter Arbeiten notwendig, ... Wende steht unmittelbar bevor, ... Alliierten werden zu Waffenstillstand und separatem Friedensabschluss gezwungen werden."

Vollständig in der Erinnerung Schaubs ist der Satz Hitlers: „Jeder Tag und jede Stunde sind kostbar, um die fürchterlichen Waffen fertig zu stellen, welche die Wende bringen." Nach seiner Rede verließ Hitler den Saal, ohne sich noch mit einem der Anwesenden zu unterhalten.

Eine euphorische Runde blieb zurück. Keiner der Anwesenden zweifelte an seinen Ausführungen und deren erfolgreicher Umsetzung. Die Herren bestiegen ihre Wagen. Luisenthal hatte, ohne dass die Einwohner es bemerken konnten, beinahe Weltgeschichte geschrieben.

Hitler blieb im Raum Ohrdruf, wahrscheinlich bewohnte er den bis heute unbekannten Bereich „Burg". Einzelheiten seines Aufenthalts sind nicht bekannt. Überliefert ist dagegen, dass er am zweiten April Ohrdruf verließ, um nach Berlin zurückzukehren. Verbitterung und die Rede von Verrat sollen diesen Abschied aus Thüringen begleitet haben.

Das Ende ist bekannt: die nach Thüringen verlagerten Dienststellen setzten sich in den Berchtesgadener Raum ab, am dritten April brachen die Amerikaner in Thüringen ein. Durch die Übergabe Gothas wurde die Lage im Raum Ohrdruf vorzeitig kritisch.

Bis zum zehnten April gelang es den amerikanischen Kampfgruppen nicht, die den Raum verteidigenden Angehörigen der 6. SS-Gebirgsdivision und der Wehrmacht niederzukämpfen. Offensichtlich reichte aber die errungene Zeit aus, um das Jonastal in das zurück zu verwandeln, was es ursprünglich einmal war – ein Ausflugsziel. Wenn auch mit dem Ruch des Geheimnisvollen versehen.

So ist es bis heute geblieben.

XI

Es ist März und damit Frühling geworden. Es ist nicht gerade der Frühling aus Friedenszeiten, der, den man körperlich zu spüren meint und über den die ganze Welt Gedichte und Geschichten schreiben muss. Er liegt einfach in der Luft, er ist zu riechen. Unsere Sinne sind zwar nicht mehr die normaler Menschen, aber Frühlingsluft entgeht auch uns nicht. Aus den nahen Bergen, durch den Taleinschnitt aufgefangen wie durch einen Trichter, gelangt Föhnluft zu uns, durchdringt unsere unsauberen Körper, unsere stinkenden Fetzen. Auch die ängstlichsten Hüter des warmen Barackengestankes fordern nun das Lüften der Unterkünfte, damit das Neue auch in den letzten Winkel dringen kann.

Freilich sind es nicht mehr so viele, die in den Genuss der neuen Jahreszeit kommen. In den Unterkünften ist Platz geworden, Tauglichkeitskontrollen und Schwäche haben ihren Tribut gefordert, Kameraden haben uns durch Tod und Auslese verlassen.

Auch an uns Überlebenden sind die letzten Monate nicht spurlos vorübergegangen. Die Einführung der Zwölf-Stunden-Schichten und die gleichmäßig schlechte Ernährung haben uns noch mehr zu Barackenmenschen verkommen lassen. Uns stören nicht mehr die Schreie der Wachen bei den morgendlichen Appellen, das lange und schikanöse Stehen und Abzählen an den Abenden, wir arbeiten, essen und schlafen. Weiter nichts. Kaum noch registrieren wir unsere Umwelt.

Das Arbeitsregime ist schärfer geworden, wir werden steter und aufmerksamer kontrolliert, mehr Misstrauen herrscht. Selbst unsere Vorgesetzten im Holzwerk lassen uns spüren, dass sie unzufrieden sind. Hektik hat sich verbreitet, es wird gebrüllt und geschnauzt.

Irgendetwas geht draußen vor. Im Februar konnten wir vom Holzwerk aus Luftkämpfe mit alliierten Fliegern beobachten, jetzt glauben wir manchmal, Geschützdonner zu hören. Die Nervosität der Deutschen scheint nicht die Folge ihrer Siege zu sein. Wir wissen von Kameraden, dass die Russen, Engländer und Amerikaner schon auf deutschem Boden stehen. Thüringen liegt zwar zentral, aber wenn die westlichen Alliierten nach Berlin wollen, müssen sie auch unseren Raum passieren. Ihre

Bomberpulks überfliegen uns jeden Tag. Ein belgischer Kamerad vermittelt mir fehlende Geografiekenntnisse. Er kennt sich aus, denn er hat schon vor dem Krieg in Deutschland gearbeitet.

Auch unsere Bewacher scheinen zunehmend nervös. Sie sind mit uns zusammen in diesem Tal eingesperrt wie in einem Rattenloch. Gleich uns können sie kaum entkommen.

Gedanken an Flucht hege ich nicht. Mir ist klar, dass meine gegenwärtige Verfassung und die feindliche Umgebung keine Chancen bieten. Ich würde nicht weit kommen. Einzelne Kameraden scheinen anders zu denken, in der Nacht und auch an den Tagen sind zunehmend Schüsse zu hören.

Igor, Nikolai und Marek denken wie ich. Noch schützt uns das Holzwerk. Die Arbeiten am Lagerplatz sind nicht zu vergleichen mit dem, was wir aus anderen Gewerken wissen und beobachten. Die Arbeit in den Schächten scheint die Menschen geradezu zu verschlingen, auch in der Ziegelei und beim Straßen- und Gleisbau steht es schlimm. Wir beneiden die Kameraden nicht. Ein Grund mehr, nicht aufzufallen und pausenlos Gehorsam zu zeigen. Überleben ist alles.

Wie wir überleben werden, wissen wir nicht. Es gibt Gerüchte, dass die Lager beim Annähern der Alliierten aufgehoben werden. Diese Gerüchte wollen auch wissen, dass wir in einem solchen Fall verlegt werden. Einzelne Transporte mit dem Ziel Bayern sollen schon zusammengestellt sein. Aber wie kann man alle Gefangenen vor den sich nähernden amerikanischen Truppen evakuieren? Das dürfte in der jetzigen Situation auch dem Organisationsgenie der Deutschen unmöglich sein.

Igor weiß die Lösung: „Wir werden alle in den Berg geführt und dort erschossen, dann werden die Eingänge zugesprengt." Auch Nikolai denkt so. Für sie existieren Häftlingslager auch in den Stollen. Sie wollen von anderen Russen gehört haben, dass es in einzelnen unterirdischen Schächten Lager gibt, deren Bewohner dort leben, arbeiten und sterben, ohne die Sonne während ihres Häftlingsdaseins gesehen zu haben. „Kein Mensch wird von ihnen je erfahren, und so wird es auch uns ergehen", so Igor, „diese Berge hier werden unser Grab."

„So lange warte ich nicht. Ich habe Warschau nicht überlebt, um hier in Germanien erschossen zu werden. Und ich glaube auch, dass sie genau das mit uns vorhaben. Also werde ich rechtzeitig abhauen. So wie ich denken noch andere. Abhauen und Überleben heißt die Devise. Man muss nur irgendwo stillsitzen, bis die Deutschen weg sind. Dann kommen die anderen und man hat es überstanden", ist die Meinung des immer optimistischen Mareks.

Zum Erschossenwerden neige auch ich nicht. Ich schließe mich der Meinung Mareks an und äußere das auch. „Wenn du überleben willst, benötigst du ein Versteck und Verpflegung", belehren mich die Russen. „Hast du beides?" Ich muss zugeben, weder über das eine noch das andere zu verfügen. „Ihr seid Lahmärsche", meldet sich nun wieder Marek zu Wort. „Natürlich kommen wir nicht aus dem Lager heraus, um dort ein Versteck einzurichten, also müssen wir es im Lager tun." „Im Lager, ein Versteck im Lager?" Ungläubiges Staunen unsererseits. Aber Marek ist unübertrefflich, was Optimismus und Erfindergeist angehen.

„Ja, genau im Lager, aber im Holzlager, zwischen den Stapeln. In den letzten Tagen hat sich so viel nicht abgeholtes Holz angesammelt, dass wir morgen dem Meister vorschlagen werden, umzustapeln. Und wir werden so umstapeln, dass für uns drei eine kleine Unterkunft entsteht."

„Und die Hunde?" frage ich. „Ab morgen verrichten wir unsere Notdurft nur um und in der Nähe der Holzstapel" entgegnet Marek. „So haben wir uns die deutschen Hunde auch in Warschau von unseren Kellerverstecken fern gehalten. Und ehe ihr mich noch weiter fragt, auch Verpflegung habe ich. Seit Tagen schon schlafe ich auf überzähligen Kommisbroten und Konserven. Meine ganze Matratze ist voll davon. Ab morgen muss jeder von uns Verpflegung transportieren."

Es ist nicht zu fassen, wir sind von Marek beeindruckt. Immer haben wir ihn für einen Schieber, zumindest einen Luftikus gehalten. Und nun stellt sich heraus, dass er nicht nur die einzig richtige Idee hat, sondern auch schon für unser gemeinsames Überleben Vorbereitungen getroffen hat. Der Plan ist beschlossen. Wir ziehen die Hosen hoch und verlassen den Ort unseres Beschlusses, die Lagerlatrine. Sie ist der geeignetste weil unauffälligste Ort im Lager zur Planung außergewöhnlicher Unternehmungen.

XII

Der Meister freut sich über unseren Arbeitseifer und Ordnungs-
sinn. Ihm ist nicht entgangen, dass kaum noch jemand unser
Holz haben will. Die Arbeit auf den Baustellen scheint sich zu
verlangsamen oder ganz aufzuhören. Auch ihm ist nicht klar,
was im Einzelnen vorgeht. Zwei Mann stapeln fleißig außen,
die anderen zwei richten unser Nest ein. Balken auf Balken
wird aufeinander gefügt, Lüftungs- und Sehschlitze sorgen für
Verbindung nach außen. Die abschließende Wand, sozusagen
unsere Eintrittstür, besteht aus durch Baukrampen verbundene
Teile, die wir hinter uns zuziehen können. Es bleibt ein Stapel
neben vielen anderen. Im Inneren sorgen Zementsäcke für
Gemütlichkeit, mehr geht nicht. Auch die Verpflegung ist endlich eingelagert. Meine Bedenken, dass die SS-Wachen im letzten Augenblick das Lager anzünden könnten, werden von den
Kameraden nicht zur Kenntnis genommen. Uns bleibt nichts
anderes übrig.

Am ersten April erfährt Nikolaj vom Lagerschreiber, dass erste
Transporte zusammengestellt werden. Andere Teillager sollen
sich schon auf dem Marsch befinden. Wir beschließen, nach Ar-
beitsschluss zu verschwinden.

Die erste Nacht schlafe ich traumlos. Der harzige Geruch des
Holzes und das Rauschen des nahen Waldes haben mich schnell
Schlaf finden lassen. Meinen Kameraden ergeht es nicht anders.
Geschrei und hastige Schritte am anderen Morgen. Offensichtlich wird das Gelände durchkämmt. Die Geräusche kommen
näher, Stimmen sind zu unterscheiden. Man sucht uns. Wir
hören kein Hundegebell. Vielleicht werden die Hunde woanders
dringender benötigt. Wir verharren still, wagen kaum zu atmen.
Das Unglaubliche geschieht: Stille nach schier stehen blei-
bender Zeit, die Suchtrupps scheinen aufgegeben zu haben.
Wahrscheinlicher ist, dass ihnen die Zeit fehlt. Die Spannung in
unseren Körpern weicht einem gedankenlosen Dösen. Es wird
Nacht.

Wie vereinbart, bleibt ein Kamerad im Wechsel wach, um vor
Weitersuchenden zu warnen. Eigentlich ist das unsinnig, denn
wir sind der Situation hilflos ausgeliefert. Aber es gibt ein
Gefühl von Sicherheit. Ab und zu fallen Schüsse, auch Feuer
aus automatischen Waffen ist zu hören. In unserer Nähe ist es

still. Durch die Stapelritzen ist nichts zu sehen. In einiger Entfernung ist ein kleiner Straßenabschnitt einsehbar – keine Bewegung, weder Fußgänger noch Fahrzeuge. Wir beschließen, unser Versteck nicht zu verlassen, und sollten auch Tage vergehen. Ich habe in den vergangenen Stunden so viel Schlaf nachgeholt, dass ich mich, seit Monaten das erste Mal, völlig wach fühle. Auch von meinen Kameraden scheint die Apathie abgefallen zu sein. Ich sehe in ungepflegte, aber frohe Gesichter. So schnell kann der Mensch Glück empfinden. Was jetzt kommt, ist die Zukunft. Eine selbstbestimmte Zukunft mit einem sauberen Körper, in sauberer Kleidung, in zivilisierter Umgebung. Keine Angst, kein Gestank, kein Hunger.

Oder doch Angst? Viktor spricht es aus: „In den letzten Jahren habe ich immer daran gedacht, was ich in der Freiheit zuerst tun würde. Jetzt, wo die Freiheit wahrscheinlich wird, bleibt mir Ratlosigkeit. Nach Hause kann ich nicht. Alle russischen Kriegsgefangenen gelten als Verräter. Mit meiner soldatischen Vergangenheit erwartet mich das nächste Lager. Ich muss versuchen, in Deutschland zu bleiben oder bei den Amerikanern Aufnahme zu finden. Am liebsten würde ich mit der amerikanischen Armee weiterziehen und eines Tages amerikanischer Staatsbürger werden." Auch Igor denkt so. „Zu Hause erwartet mich nichts. Von meinen Eltern und Geschwistern habe ich nie Nachricht erhalten, meine kurz vor dem Krieg geschlossene Ehe hatte von Beginn an keine Zukunft. In meiner jugendlichen Unbedachtheit habe ich eine Frau geheiratet, zu der mich nichts mehr zieht. Ich war richtig froh, als der Krieg ausbrach und ich einberufen wurde. Ich werde sehen, dass ich in Deutschland bleibe."

Marek und ich wollen nach Hause, so schnell wie möglich nach Hause. Marek in sein geliebtes Warschau, ich zu meiner Großmutter. So hat jeder seine Vorstellungen.

Auch philosophisch werden wir: „Ob wir jemals erfahren, an was wir hier monatelang gebaut haben?" frage ich. „Und ob sich jemals ein Mensch für die interessieren wird, die hier arbeiten mussten?" frage ich weiter. Marek sieht wenig Sinn in meinen Fragen. „Nach dem gewonnenen Krieg werden sich ein paar alliierte Statistiker damit befassen, wie viel Gefangene, Gefallene und Verwundete dieser Scheißkrieg gekostet hat. Und damit werden sie auf beiden Seiten die verbliebenen Witwen und Waisenkinder trösten wollen. Und gemeinsam werden sie auf die Deutschen schimpfen, die alles verursacht haben. Und sie werden die Deutschen zahlen lassen für alles. Und das war's dann. Irgendwann kommt dann der nächste Krieg. Alles wiederholt sich, und wir sind Teile der Wiederholung, mehr nicht. Und auf den Friedhöfen werden sie die Gefallenen feiern, aber nur, um in ihren Reden zu beweisen, dass sie schon immer Recht gehabt haben. Der Mensch ist als Ignorant geboren. Und glaubt ja nicht, dass unsere überlebenden Kameraden das Erfahrene behalten werden. Ein Teil ja, aber der überwiegende Teil wird keine persönlichen Schlüsse ziehen und da weitermachen, wo er vor der Gefangenschaft begonnen hat. Gut oder böse. Ich glaube nicht an das Gute im Menschen."

„Ich werde dieses Tal nie vergessen, den Hunger, das Elend, das Unmenschliche unseres Gefangenendaseins", sagt Igor. „Ich verspüre auch keine Wut auf die Deutschen, wahrscheinlich reagieren alle Siegermächte so wie sie. Aber glaubt mir, keiner von euch wird das Lager je wirklich verlassen, sein ganzes Leben lang nicht."

Ich weiß die Anzahl der Nächte und Tage nicht mehr, die wir im Holzstapel verbrachten. Ich erinnere mich aber genau an den Moment, als Marek auf der Talstraße die ersten amerikanischen Fahrzeuge und Spähtrupps sah.

Wir waren frei!

SS-Obergruppenführer Oswald Pohl, Chef des SS-Wirtschafts- und -Verwaltungs-Hauptamtes an Reichsführer-SS Heinrich Himmler (Brief vom 30. 4. 1942):
„1. Der Krieg hat eine sichtbare Strukturveränderung der Konzentrationslager gebracht und ihre Aufgaben hinsichtlich des Häftlingseinsatzes grundlegend geändert.
Die Verwahrung von Häftlingen nur aus Sicherheits-, erzieherischen und vorbeugenden Gründen allein steht nicht mehr im Vordergrund. Das Schwergewicht hat sich nach der wirtschaftlichen Seite hin verlagert. Die Mobilisierung aller Häftlingsarbeitskräfte zunächst für Kriegsaufgaben (Rüstungssteigerung) und später für Friedensaufgaben schiebt sich immer mehr in den Vordergrund.

2. Aus dieser Erkenntnis ergeben sich die notwendigen Maßnahmen, welche eine allmähliche Überführung der Konzentrationslager aus ihrer früheren einseitigen politischen Form in
eine den wirtschaftlichen Aufgaben entsprechende Organisation
erfordern.
3. Ich habe deshalb alle Führer der früheren Inspektion der Konzentrationslager, alle Lagerkommandanten und alle Werkleiter
am 23. und 24. 4. 1942 versammelt und ihnen persönlich die
neue Entwicklung dargelegt ...“

Infolge dieses Briefes, dessen Auslöser der Mangel an deut-
schen Arbeitskräften war, wurden die Konzentrationslager zu
Arbeitskräftereservoirs. Es entstand ein System von Kern- und
Außenlagern sowie Außenkommandos (Mauthausen etwa 50,
Neuengamme 60, Ravensbrück etwa 60, Sachsenhausen über
100, Buchenwald 136, Dachau etwa 150).

„Von den 600 000 Häftlingen, die das WVHA Ende 1944
hinter Stacheldraht unterhielt, arbeiteten 250 000 in privaten
Rüstungsbetrieben, 170 000 in Unternehmen, die der unmittel-
baren Kontrolle des Reichsministeriums für Bewaffnung und
Munition unterstanden, 15 000 in Bauunternehmen, *12 000
für Firmen, die in Thüringen ein Führerhauptquartier bauten,*
50 000 für Firmen, die der Amtsgruppe C des WVHA unterstellt
waren, und 13 000 in Landwirtschaft und Dienstleistungs-
betrieben.“ (Zitat aus Jan F. Triska, Work reedems, in: Journal
of Central European Affairs, April 1959, S. 15, Hervorhebung
durch Verfasser).

Zeitzeugen

Zeuge Franz W., Baustab Luisenthal, Sondervorhaben S III:
„Von Beruf bin ich Bauingenieur, meine Ausbildung erfuhr ich
in Erfurt und Weimar. Spezielle Kenntnisse bergbautechnischer
Art besitze ich aus der Zeit vor der Machtergreifung, als ich in
französischen und belgischen Gruben tätig war.
Seit Juli 1935 bin ich bei der Straßenbau AG Niederlahnstein
(Strabag) beschäftigt. Neben normalen Straßenbauarbeiten

wurde unsere Firma immer mehr in die Arbeit an Rüstungsvorhaben und besonderen Objekten der Wehrmacht und SS einbezogen. Ich kann behaupten, bis Kriegsende an allen wichtigen Bauvorhaben des Reiches mitgearbeitet zu haben. So erklärt sich auch meine UK-Stellung.

Ende September 1944 erhielt ich den Auftrag, an der Errichtung unterirdischer Anlagen im Raum Arnstadt zu arbeiten. Offensichtlich handelte es sich um ein äußerst wichtiges Objekt, denn mein unmittelbarer Vorgesetzter war der mir schon vom Bau des Führerhauptquartiers Wolfsschanze bei Rastenburg in Ostpreußen bekannte SS-Standartenführer Maurer.

Quartier bezog ich in Ohrdruf, verpflegt wurde ich in der zentralen Kantine Crawinkel. Nach meiner Einweisung durch einen Beauftragten des Herrn Maurer stellte sich mir die Lage folgendermaßen dar:

Meine Aufgabe war es, im Bereich des Jonastales, zwischen Arnstadt und Crawinkel, ungefähr in Höhe des Kilometers sieben, in vorgegebenen Abständen 25 Stollen von der Talseite aus in den Berg zu treiben. Der bezeichnete Berg trug die Flurbezeichnung 'Bienstein'. Die Stollen waren durch schwere LKW befahrbar auszuführen, dementsprechend waren Abmaße von 6 Metern in Höhe und Stollenbreite vorgesehen. Nach erfolgtem Vortrieb wurden die Stollen sofort ausgemauert bzw. ausbetoniert. Das entstehende Objekt trug die Tarn- und Arbeitsbezeichnung 'Sonderelbe Siegfried' und war Bestandteil eines Gesamtprojektes mit Namen 'Sondervorhaben S III Olga'. Die Verbindung der einzelnen Vortriebe untereinander erfolgte durch Quergänge, die in bestimmten Abständen mit kleinen Räumen, ich denke Sprengkammern, versehen waren. Das Tunnelsystem beinhaltete weiterhin mehrere saalähnliche Räume, die fabrikhallenähnlich angelegt waren, aber auch die Möglichkeit der Lagerung von Ausrüstung und Gegenständen einschlossen. Die Belüftung der Stollen und Räume erfolgte über Kopf durch von der Oberfläche des Biensteins niedergebrachte Bohrungen.

Es war vorgesehen, dass das Objekt Sonderelbe Siegfried nach Untertunnelung einer Fläche mit dem Flurnamen „Kalahari" an ein anderes Objekt mit der Bezeichnung 'Sonderelbe Jasmin' angebunden werden sollte. Die genauen Einzelheiten dazu sind mir nicht bekannt, da streng auf Abgrenzung des Wissens der Beteiligten und Einhaltung der Schweigepflicht geachtet wurde. Ich bemerkte aber trotzdem bald, dass offensichtlich noch zu einem dritten Vorhaben Arbeiten durchgeführt wurden. In Arbeitsbesprechungen tauchte in diesem Zusammenhang die Tarnbezeichnung 'Burg' auf.

Für die Fertigstellung meines Bauabschnitts waren drei Wochen vorgegeben. Dazu standen mir als Arbeitskräfte ausschließlich Häftlinge zur Verfügung, die aus nahe gelegen Lagern kamen. Gearbeitet wurde in Tag- und Nachtschichten. Obwohl ich mich bemühte, die Arbeit durch den Einsatz technischer Hilfsmittel zu erleichtern blieb nicht aus, dass durch die schwere und offensichtlich ungewohnte Tätigkeit ein Großteil der Arbeitenden durch Erschöpfung und Entkräftung ausfiel. Zweifelsohne spielte auch der schlechte körperliche Zustand eine Rolle. Meine Vorarbeiter und Meister, aus der Technischen Nothilfe und Organisation Todt stammend, taten zwar ihr Bestes um die Arbeiten voranzutreiben, hatten aber wenig Erfolge.

Meine Beschwerden, die bis zu Standartenführer Maurer drangen, brachten keine Entlastung. Es wurde mir zwar versichert, dass nur die kräftigsten Häftlinge an meinen Abschnitt überstellt würden, aber was ich an Leuten übernehmen musste, war kaum zu bergmännischen Arbeiten geeignet.

Die Sorge, die mir gestellten Termine nicht schaffen zu können, bedrückte mich sehr. Dazu kam, dass ich vor Arbeit kaum Zeit für mich fand. Das Arbeiten in Schichten, die täglichen Ausfälle durch Unfälle und Krankheit sowie die persönliche Isolation ließen meine Stimmung sinken. Unter solch schwierigen Umständen wie hier in Thüringen hatte ich bisher noch nicht arbeiten müssen.

Auch um meine Sicherheit machte ich mir Sorgen. Wir waren im Tal zwar durch ukrainische und ungarische SS abgeriegelt, aber was würde geschehen, wenn die Alliierten bombardieren würden? Aus der Luft bot sich unsere riesige Baustelle regelrecht als Ziel an: die überdimensionalen Mischmaschinen vor den Mundlöchern, die Kompressorengruppen, die zahlreichen das Tal durchziehenden Gleise der Feldbahnen und die hektischen Aktivitäten mussten einfach die Aufmerksamkeit des Feindes auf sich ziehen. Ich wagte gar nicht daran zu denken,

welche Folgen die Verschüttung unserer Stolleneingänge nach einem Bombardement nach sich ziehen würde.
Meine Bedenken erwiesen sich als grundlos. Nach der Fertigstellung der von mir übernommenen Arbeiten verließ ich Arnstadt."

Zeuge Kurt H., Bergwerksingenieur:
„Anfang Oktober 1944 übernahm ich im Rahmen des Sondervorhabens Olga einen Bauabschnitt mit der Arbeits- und Tarnbezeichnung 'Sonderelbe Jasmin'. Dieser befand sich in einem Gelände auf dem Plateau zwischen Crawinkel, Ohrdruf und Arnstadt mit der Flurbezeichnung 'Kalahari-Tambuch'.
Als ich ankam, hatten die Arbeiten bereits begonnen, ein Nachbarabschnitt war schon fertig gestellt. Von der Plateaufläche ausgehend, waren vertikal Bohrungen niederzubringen, auf verschiedenen Sohlen Querschläge einzurichten und miteinander zu verbinden. Anschließend waren die verschiedenen Ebenen für LKW befahrbar zu gestalten und dementsprechend auszubauen. Die Arbeiten erstreckten sich bis in eine Tiefe von 120 Metern. Alle Tunnelsysteme waren über gedeckte Eingänge vom Jonastal und Eichfeld aus befahrbar, zur Ausschleusung von Personen bei eintretenden Notfällen dienten getarnte Ein- und Ausgänge zum Eichfeld, die jederzeit abgeschottet werden konnten. Für den Räumungsfall waren Sprengkammern vorgesehen.
Im Projekt enthalten war weiterhin der Ausbau von mehr als zwanzig großräumigen Fabrikations- bzw. Lagerflächen sowie der Anschluss des gesamten Systems an die schon bestehende Nachbaranlage und die Stollen des Objektes 'Sonderelbe Siegfried'. Ein großzügig ausgelegtes Lüftungssystem sorgte für Zwangsbelüftung aller Räume und Stollen.
In der Gesamtheit erinnerte mich die Anlage an eine unterirdische Fabrikationsstätte. Das ausgeklügelte Lüftungssystem ließ darauf schließen, dass hier die Produktion von Stoffen mit starker Gasentwicklung vorgesehen war.
Die geologischen Verhältnisse gestalteten die Arbeiten äußerst schwierig. Das an der Oberfläche lagernde Ton-Mergel-Gemisch sperrte den natürlichen Abfluss des Wassers und erforderte aufwändige Dränagearbeiten, der sich anschließende

Muschelkalk war zum Teil stark zerklüftet und so von Wasseradern durchsetzt, dass die Arbeiter oft bis zum Hals im Wasser standen.

Für mich erstaunlich war die scheinbar überdimensionierte elektrische Ausstattung der Räumlichkeiten. Besonders ein saalähnlicher Raum, in Richtung Tambuch gelegen, fiel mir auf. Ich konnte noch sehen, wie dieser mit einer Unzahl von Generatoren hoher Leistung ausgestattet wurde, die ausgereicht hätten, eine Millionenstadt mit Energie zu versorgen. Eine Erklärung für dieses Phänomen habe ich bis heute nicht finden können.

Ich erwähnte schon, dass sich neben meinem Objekt ein offensichtlich schon abgeschlossenes Bauvorhaben befand. Beim Kurzschluss unserer beiden Systeme sah ich laborähnliche Räume, in denen weißbekittelte Zivilisten arbeiteten. Einigen von ihnen war ich schon flüchtig in der Kantine Crawinkel begegnet. Sie wurden offensichtlich von allen Seiten, selbst von hohen SS-Chargen, hofiert und genossen scheinbar großen Einfluss. Allgemein wurden sie als 'die Stadtilmer' bezeichnet.

Aus Gesprächen mit Meistern und Vorarbeitern der TeNo erfuhr ich weiterhin beiläufig, dass unser Nachbarsystem über tiefe vertikal verlaufende Röhren mit mehreren Metern Durchmesser verfüge, für deren Bedeutung und Zweck es keine vernünftige Erklärung gebe.

Alles in allem, viele Ungereimtheiten. Da ich wusste, dass Neugier auf einer solchen Baustelle nicht angebracht war, unterdrückte ich solche Diskussionen und machte mir auch selbst keine unnötigen Gedanken. Im Februar 1945 wurde ich abgelöst und verließ den Arnstädter Raum."

Zeuge Albert H., Ingenieur für Bergwerksanlagen:
„Anfang Dezember 1944 kam ich nach Ohrdruf. Ich wurde nicht dem Baustab Luisenthal zugeteilt, sondern dem SS-Baustab Klipper, der direkt auf dem Truppenübungsplatz im gleichnamigen Gasthof untergebracht war. Alle hier Beschäftigten waren einer sorgfältigen Auswahl unterworfen worden und lebten von den anderen Bauvorhaben isoliert. Das von mir zu bearbeitende Projekt war schon begonnen und unterlag äußerster Geheimhaltung. Es trug die Tarnbezeichnung 'Burg'.

Vorgesehen und fertig gestellt wurde ein Tunnelsystem mit einer Anzahl kleinerer Räume, die über eine eigene Stromversorgung und ein eigenes Belüftungssystem verfügten und mit verblendeten Einfahrten für PKW versehen waren. Die Begeh- und Befahrbarkeit war sowohl direkt als auch aus größerer Entfernung getarnt möglich. Vorgesehen war, wie ich weiterhin den Unterlagen entnehmen konnte, ein eigener Gleisanschluss. Weiterhin war eine Zufahrt zum nahen Rollfeld an der Kupferstraße über Holzhausen vorhanden. Hier waren im betrachteten Zeitraum ständig mehrere damals der Öffentlichkeit noch völlig unbekannte Horten-2-Maschinen stationiert, die eigentlichen Vorläufer der heutigen amerikanischen Stealth-Bomber. Nach dem Krieg konnte ich im Washingtoner Military Museum ein ausgestelltes Exemplar dieser Flugzeuge sehen, das angeblich von den Amerikanern im Raum Friedrichroda aufgefunden worden war.

Ich denke, dass das Objekt 'Burg' auch in der heutigen Zeit für Bodentruppen nahezu als uneinnehmbar gelten dürfte. Es war faktisch von der Plateauoberfläche aus nicht erreichbar. Selbst eindringende Gegner hätten es schwer gehabt, denn die Tiefe und Staffelung der vorgesehenen Verteidigungsanlagen machten eine Eroberung unmöglich. Gegen eventuelle Sprengungen sorgten die Tiefe selbst sowie die Verkleidung der Räume mit mehrschaligem und meterdickem Beton, der mit Schottereinlagen versehen war.

Das Objekt war aus der Luft nicht wahrnehmbar, es gab keine Oberflächenbauten. Der nahe gelegene Gasthof trug den Charakter einer Ausflugsgaststätte und ließ nicht auf das Vorhandensein verdeckter Anlagen schließen. Gegen Luft-Boden-Radar war die Burg durch ein System von Leiterschleifen aus Kupfer geschützt, mit denen im Bedarfsfall ein elektromagnetisches Feld erzeugt werden konnte.

Aus der Raumgröße sowie den vorgesehenen Küchen und Kühlräumen war für mich ersichtlich, dass die Burg eine Wohnanlage darstellte. Mit der Einstellung der Möbel und der kostbaren Ausstattung der Räume mit Täfelungen usw. wurde meine Annahme bestätigt.

Am 15. März 1945 verließ ich nach Fertigstellung die 'Burg', meine Aufgabe war erfüllt."

Zeuge Dr. Kurt D., Physiker:

„Seit 1931 gilt mein Interesse der Kernphysik. Ich denke, dass ich bereits darüber schrieb, als in Deutschland selbst in chemischen und physikalischen Instituten kaum jemand etwas über die Bedeutung der Hahn-Strassmannschen Erkenntnisse um das Element Uran und die sich bietenden Möglichkeiten wusste.

Mir gelang es, das Heereswaffenamt in Berlin von der Notwendigkeit der Einrichtung eines selbstständigen Referates 'Kernphysik' zu überzeugen und in der Heeresversuchsstelle Gottow einen Neutronengenerator zu installieren.

In der Folge wurde unter Koordination des Reichsforschungsrates in Deutschland von ungefähr zwanzig Gruppen Atomforschung betrieben, wobei die Heisenbergsche und meine eigene Gruppe die größten Erfolge zu verzeichnen hatten.

Mit der einsetzenden Bombardierung Berlins durch die anglo-amerikanische Luftwaffe verlagerten wir unsere Arbeiten ab August 1943 in das thüringische Stadtilm. Im Tiefkeller der eigens evakuierten Mittelschule wurden zwei Reaktoren zur Erzeugung von Neutronen installiert. Das dazu notwendige Uran stammte aus Joachimsthaler Pechblende, das schwere Wasser aus Norwegen. In Stadtilm entstand auch die entscheidende Idee, Uranmetall in Würfelform zu benutzen, um den Neutronenvermehrungskoeffizienten günstiger zu gestalten.

Unsere Arbeit blieb nach außen hin geheim, in der Bevölkerung galten wir als Sonderlinge bzw. Mitglieder einer streng religiösen Sekte. Während wir in Stadtilm den Bau mehrerer Uraniumbomben anstrebten, experimentierte die Gruppe Heisenberg nach ihrer Evakuierung aus Berlin-Dahlem in Haigerloch auf der Schwäbischen Alb an einem funktionsfähigen steuerbaren Reaktor zur Neutronenerzeugung. Koordiniert wurde die Arbeit unserer Gruppen durch Professor Walter Gerlach vom Reichsforschungsrat.

Nach Luftangriffen auf Stadtilm wurde meine Gruppe in ein schon vorhandenes Bunkersystem des nahe gelegenen Jonastales verlagert. Hier setzten wir unsere Arbeiten fort. Material und schweres Wasser erhielten wir über den Bahnhof Haarhausen. Für die kurzfristige Beschaffung benötigter Materialien standen uns Flugzeuge auf einem benachbarten Feldflugplatz zur Verfügung.

In mehreren Nebenschächten unseres Tunnelobjektes waren die völlig neuen und bisher unbekannten Interglobalraketen vom Typ A 9 und Flüssigstoff-Fernraketen 'Rheinbote' untergebracht. So weit mir bekannt ist, waren diese unter Leitung des von Peenemünde bekannten Forschers Wernher von Braun in einem Werk im Südharz hergestellt worden und stellten Prototypen dar.

SS-General Kammler, der den Aufbau des unterirdischen Werkes bei Nordhausen geleitet hatte, erklärte mir, dass die A 9 die USA-Fernrakete sei, die mit den von uns entwickelten Uraniumbomben bestückt werden sollte. In diesem Zusammenhang empfahl er mir die Zusammenarbeit mit dem Verantwortlichen für Raketenabschüsse, Herrn Prof. Stuhlenburg.

Am 28. März 1945 wurde meiner Gruppe eine besondere Ehre zuteil: Ich referierte im Gasthaus 'Deutsches Haus' in Luisenthal vor Adolf Hitler, Himmler, Sauckel, Darré, Ribbentrop und Speer sowie vor hohen SS-Führern gemeinsam mit Professor Stuhlenburg über den Stand unserer Forschungsarbeiten und die Möglichkeit, schon in wenigen Wochen die von uns entwickelte Uraniumbombe mittels der Rakete A 9 zu verschießen. Der Führer war begeistert und ermunterte uns, mit unseren Arbeiten fortzufahren.

Das Übrige ist bekannt. Die Amerikaner und Engländer waren schneller und es gelang weder durch Diplomatie noch durch den Kampfgeist unserer Soldaten, die Front aufzuhalten. Anfang April verließ ich gemeinsam mit meinen Mitarbeitern Ohrdruf und gelangte in die so genannte Alpenfestung.

Nach meiner Verhaftung durch die Amerikaner wurde ich gemeinsam mit Otto Hahn, Max von Laue, Werner Heisenberg, Erich Bagge, Walther Gerlach, Paul Harteck, Horst Korsching, Carl Friedrich von Weizsäcker und Karl Wirtz in Farmhall bei Cambridge in England interniert.

1946 erfolgte meine Rückkehr nach Deutschland. Auch nach meiner Entlassung setzte ich mich für die Verbreitung der Kernenergie ein."

Die andere Seite

Häftlingsbericht von Willi B., ehemals politischer Häftling KL Buchenwald:

„Im Sommer 1944 wurden von abkommandierten Häftlingen des KL Buchenwald bei Weimar im Nordlager des Truppenübungsplatzes Ohrdruf die aus dem Ersten Weltkrieg stammenden Baracken erneuert bzw. neu aufgebaut und mit Stacheldraht eingezäunt. Gleichzeitig wurde mit Gleisbauarbeiten für eine Strecke Ohrdruf-Truppenübungsgelände begonnen.

Ab September 1944 trafen ununterbrochen Häftlingstranporte aus den KLs Buchenwald, Flossenbürg, Dachau, Sachsenhausen, Auschwitz, Natzweiler und anderen kleineren Lagern ein. Sowjetische und jugoslawische Kriegsgefangene, Reichsdeutsche, Juden, Zigeuner, Ungarn, Polen, Russen, Letten, Tschechen, Franzosen, Belgier, Italiener und Griechen bildeten das Gros, die Transportstärken betrugen jeweils um 1 000 Personen.

Unmittelbar nach dem Eintreffen der Transporte wurden wir, so wie wir waren, zur Arbeit getrieben. Jeder trug das an Kleidung, was er auf dem Leibe hatte. Für einen Kleider- oder Wäschewechsel war Ohrdruf nicht vorgesehen. An den Füßen trugen wir Holzschuhe, die wenigsten normales Schuhwerk, die meisten mit Draht und Strick befestigte Lumpen. Im Winter hatten wir wegen der Kälte zusammengefaltete Zementsäcke unter der Kleidung. Wir trugen unsere Lumpen Tag und Nacht, wuschen uns aus Mangel an Wasser kaum, hatten Läuse und anderes Ungeziefer. Ich denke, dass wir für die Zivilbevölkerung, der wir auf unserem Arbeitsweg begegneten, wie Verbrecher aussahen – genauso, wie sich der Durchschnittsdeutsche Verbrecher vorstellte.

Neben der Arbeit am Barackenlager, in der Ziegelei und am Gleis wurden Stollen in den Berg getrieben. Gearbeitet wurde in drei Schichten von je acht Stunden, ab Februar 1945 zweischichtig zu zwölf Stunden. Die Arbeit war für Gesunde schwer, für uns Geschwächte und Kranke unmenschlich. Solidarität und gegenseitige Hilfe bestanden zwar unter uns, waren aber auf Grund des häufigen Wechsels der Inhaftierten nicht sehr ausgeprägt. Feste Freundschaften konnten sich unter diesen Bedingungen nicht entwickeln.

Jeden Tag kamen Kameraden um, wurden als Tote in das Lager eingeliefert, um dann auf LKW weggebracht zu werden. Ich denke, dass sie wegen der Seuchengefahr verbrannt wurden.

Unsere Bewachung bestand aus SS, die Arbeitsaufsicht oblag deutschen Hitlerjungen, Angehörigen der TeNo und anderen Zivilisten, die als Meister und Vorarbeiter arbeiteten. Wir waren zwar den Hass und die Brutalität der SS-Männer gewohnt und durch lange Haft darauf eingestellt, mussten uns aber erst an die Brüllerei und die Schläge unserer zivilen Vorgesetzten gewöhnen. Das traf nicht für alle zu. Erstaunlich war aber immer wieder, wie selbst alte Männer jede Gelegenheit nutzten, um auf uns einzuprügeln.

Auch die Hoffnung auf eine Verbesserung der Lage durch die Wehrmachtsverwaltung des Lagers erfüllte sich nicht; schon im November 1944 wurden wir als Buchenwaldhäftlinge des Außenlagers S III geführt. Wir waren zu dieser Zeit etwa 8 000 Mann, sämtlich untergebracht im Nord- und Südlager Ohrdruf.

Mit der fehlgeschlagenen Ardennenoffensive der Deutschen Wehrmacht im Dezember 1944 und der erfolgreichen Winteroffensive der Roten Armee im Januar 1945 stand das Bauvorhaben Ohrdruf offensichtlich unter erhöhtem Druck. Da aus uns Arbeitskräften nicht mehr herauszuholen war, mussten neue herangeführt werden. So entstanden die neuen Teillager Crawinkel und Jonastal. Das Nordlager auf dem Truppenübungsplatz wurde zum Krankenrevier umfunktioniert, im Südlager befanden sich nur noch Häftlinge, die auf dem Truppenübungsplatz selbst, am Gleisbau und am Bau der Wasserleitung zum Jonastal arbeiteten.

Die schlechtesten Unterbringungsbedingungen herrschten im Lager Crawinkel, auch das Zeltlager genannt. Hier hausten schätzungsweise 3 000 Kameraden in unbeheizten Zelten und mussten von dort aus täglich 12 Kilometer zur Baustelle Jonastal laufen.

In der Nähe dieses Lagers befand sich eine weitere Unterkunft, die so genannte Muna. Hier wurde bis Weihnachten 1944 Munition hergestellt. Nach Verlagerung derselben wurde aus der ehemaligen Munitionsanstalt ein Bunkerlager ohne Tageslicht, Heizung und Wasser. Geschlafen wurde zum Teil ohne Decken und Stroh auf Holzpritschen oder dem Betonfußboden. In diesem

Lager konnte selbst Sehnsucht nach den Verhältnissen im Stammlager Buchenwald aufkommen.

Das ehemalige Hitlerjugendlager am Kilometerstein sieben im Jonastal wurde mit 7 000 Häftlingen belegt, die in zwölf Baracken untergebracht waren. Aus 1 500 Schlafstellen waren 7 000 geworden ...

Nicht nur Arbeitsbedingungen und Unterkunft machten den Häftlingen zu schaffen, auch der Tagesablauf war demoralisierend aufgebaut. Morgens um drei Uhr wurde geweckt, dann folgten oft mehrstündige Zählappelle, Frühstück und mehrstündiger Anmarschweg zur Arbeit. Nach zwölf und vierzehn Stunden Arbeit erfolgten der Rückmarsch, Zählappell bis gegen zwanzig Uhr, Abendessen und Nachtruhe. Arbeitspausen waren nicht vorgesehen. Es kam besonders im Frühjahr 1945 häufig vor, dass die Arbeitskommandos beim Einrücken in das Lager wieder zurück zur Arbeit mussten.

Die ausgegebene Verpflegung bestand aus Brot, schwarzem Kaffee, Wassersuppe und Rübensuppe sowie Margarine. Zu besonderen Anlässen gab es für je vier Mann einen Löffel Marmelade oder Quark. Die höchsten Rationen erhielten die Stollenarbeiter: täglich zum Frühstück 250 g Brot und schwarzen Kaffee, 250 g Brot und 20 g Margarine zum Mittag und Rübensuppe am Abend. Kranke bekamen den niedrigsten Satz, 100 g Brot täglich.

Die gefürchtetste Arbeit war die im Stollensystem. Schachten, Bohren, Sprengen, Betonieren, der Transport der Gesteinsbrocken und des Abraums sowie der schweren Sprengkästen ließen auch die kräftigsten Häftlinge erzittern. Niemand wollte dort arbeiten, jeder versuchte sich zu drücken, und erst durch Schläge mit dem Knüppel gelang es, das tägliche Kontingent an Arbeitskräften zusammenzustellen.

Auch der Transport war gefürchtet: Mittels Loren wurden die Kommandos auf Feldbahngleisen in das Tal transportiert. Oft kippten die Loren um, entgleisten. Abgefahrene Gliedmaßen und Tote waren die Folge.

Gefürchtet war auch das Krankenlager. Kranksein war gleichbedeutend mit Vernichtung. Da es an allem Notwendigen zur Versorgung der Kranken fehlte, war eine Gesundung ausgeschlossen. Nur mithilfe der Häftlingsärzte und -pfleger und in leichten Fällen war sie möglich. Die Anzahl täglicher Sterbe-fälle war hoch. In einem Fall wurde bekannt, dass in einer mit 400 Mann belegten Baracke nach vier Wochen nur noch fünf am Leben blieben.

Anfangs wurden die Toten im Stammlager Buchenwald ver-brannt, in den letzten Wochen vor der Auflösung erfolgte die Verbrennung im Lager selbst auf eigens dafür hergerichteten Holz-Stahl-Gerüsten.

Mit dem Näherrücken der Front bestand die Gefahr der Einnah-me des Lagers durch die Amerikaner. So begann am Morgen des 1. April 1945 die Überführung der etwa 12 000 Häftlinge in das Stammlager. Nur wenige wurden durch Fahrzeuge transportiert, der Großteil wurde auf Umwegen drei Tage lang nach Buchen-wald geführt. Davon erreichten 9 000 das Lager. Ihr Zustand war unbeschreiblich. Marschunfähige und Revierhäftlinge waren zuvor in den Ohrdrufer Teillagern erschossen worden. Die Amerikaner fanden beim Einmarsch ihre Leichen.

Es wird angenommen, dass beim Bau der Anlagen des Sonder-vorhabens S III Olga 10 000 Häftlinge umgekommen sind. Nicht dazu gezählt sind die Toten, die bereits auf dem Anmarschweg sterben mussten. Auch heute noch ist eine Erfassung der genauen Zahlen unmöglich, da auf Grund des herrschenden Zeitdrucks und des Unvermögens der Wehrmacht eine anfängli-che Registrierung unterblieb.

In S III wurden die Häftlinge planmäßig verschrottet. Nur so ist die geringe Zahl Überlebender zu erklären. Viele Jahre sind ver-gangen. Die Anzahl der Veteranen, die sich jährlich in Buchen-wald treffen, wird immer kleiner. Aus dem Ohrdrufer Lager ist kaum noch jemand am Leben."

Bericht des Konzentrationärs Rudolf G., in Ohrdruf interniert von Oktober 1944 bis zur Lageraufgabe am 1. April 1945:
„Im Oktober 1944 wurde ich aus dem Stammlager Buchenwald nach Ohrdruf kommandiert. Dort benötigte man qualifizier-te Elektriker zur Wartung der Lageranlagen. Die Arbeit war für mich nichts Neues, da ich schon in Buchenwald in einem solchen Arbeitskommando erfasst war. In Ohrdruf hatte ich als Kapo sechs Kameraden anzuleiten, das Materiallager zu verwalten und gegebenenfalls größere Arbeiten mit den hier

Beschäftigten der Technischen Nothilfe abzustimmen. Die Arbeit war nicht schlecht, wir hatten unsere kleinen Freiheiten als Handwerker, kamen herum, bauten Beziehungen auf und vor allem – wir waren vom lästigen Appellstehen und den damit verbundenen Schikanen befreit. Wären nicht Häftlingskleidung und Stacheldraht gewesen, hätten wir als kleiner Handwerksbetrieb durchgehen können.

Jetzt, nach Jahren, wo die Erinnerungen an jenen Abschnitt meines Lebens verflacht sind, habe ich viele Widrigkeiten und Ängste der damaligen Zeit verarbeitet. Trotzdem vermeide ich die Lektüre einschlägiger Literatur zum Problem der Lager und pflege keinerlei Kontakte zu ehemaligen Kameraden. Auch an Treffen Ehemaliger, zumeist von Kommunisten organisiert und zur eigenen Beweihräucherung verkommen, nehme ich nicht teil. Diese Zeit ist aus meinem Innersten gestrichen, hat keinen Platz mehr.

Von Ohrdruf hatte ich lange nichts mehr gehört, bis ich zur Mitte der Neunzigerjahre eine deutsche Zeitung in die Hand bekam, deren Artikel sich mit den so genannten Jonastalgeheimnissen befassten. Nach der Wiedervereinigung Deutschlands, die ich im Ausland nur durch die Medien miterlebte, entstand offensichtlich die Meinung, dass einige KLs beziehungsweise deren Außenlager nicht nur die Funktion der Gefangenenhaltung oder der Lohnsklaverei besessen hatten, sondern auch der Forschung und Entwicklung geheimer Vorhaben der Nazis dienten. Beim Lesen dieser Zeilen fiel mir ein Ereignis ein, das für mich bis heute nicht erklärlich ist, und ich habe mich entschlossen, entgegen meiner bisherigen Haltung Ihnen dieses zu schildern:

Ende Februar oder Anfang März 1945, das genaue Datum ist mir nicht mehr erinnerlich, wurde ich angewiesen, mit drei meiner Kameraden eine elektrische Leitung zu verlegen. Das war an sich kein ungewöhnlicher Auftrag. Ungewöhnlich war die vorgegebene Streckenführung des Kabels, die nämlich, von einem Verteiler mitten auf dem ehemaligen Gelände des Truppenübungsplatzes ausgehend, oberflächlich über mehrere Kilometer (!) bis zu einem zu installierenden Baustromanschluss, auf einer abgelegenen Waldwiese liegend, führte. Auf dieser Waldwiese befand sich mittig ein ungefähr sechs Meter hoher betonierter Sockel, einer aufragenden Stele ähnlich. Der Platz um diese Säule herum erinnerte an einen Appellplatz. Im Hintergrund, den Waldrand flankierend, standen Wehrmachtsfahrzeuge, offensichtlich schrottreif. Es handelte sich um zwei Tanks, mehrere Schützenpanzerwagen und Laster. Auf der anderen Seite befand sich eine Unterkunftsbaracke, durch deren offene Türen man erkennen konnte, dass sie ohne jegliche Innenausstattung war. Alles hatte etwas Kulissenhaftes.

Nachdem wir zusammen mit den deutschen Angehörigen der Technischen Nothilfe, die uns und das Material in diese entlegene Ecke des Übungsplatzes gekarrt hatten, die nötigen Arbeiten ausgeführt hatten, verließen wir diesen Ort. Gedanken machten wir uns keine.

In den nächsten zwei Tagen wurden im Nord- und Südlager Ohrdruf Arbeitskommandos aus mehreren hundert Häftlingen zusammengestellt. Nach Komplettierung verließen diese zu Fuß die Lager. Obwohl diese Kommandos keinerlei persönliche Ausrüstung mit sich führten, kamen sie nicht wieder zurück.. Nach unseren Erkundigungen tauchten sie auch in keinem anderen benachbarten Lager oder im Stammlager wieder auf. Ich erinnere mich noch, dass die Kameraden die zurückgelassenen Habseligkeiten unter sich aufteilten. Von Seiten der Lagerführung und der SS fanden die Verschwundenen keine Erwähnung mehr. Ihre Namen wurden aus den Lagerlisten gestrichen.

Nach der Befreiung des Lagers durch die Amerikaner erfuhren diese, dass die vermissten Kameraden genau in die Richtung des uns als Arbeitsort bekannten Teils des Übungsplatzes geführt worden waren. Außenkommandos, die mit Ausbesserungsarbeiten auf der Rollbahn beschäftigt gewesen waren, hatten das beobachtet. Berichtet wurde auch von einem ungewöhnlichen Ereignis, nämlich einer grellen Blitzerscheinung mitten am Tag und bei klarem Frühlingshimmel, begleitet von einem kurzen Knall, ähnlich einem harten, scharfen Schlag.

Unsere Vermutungen gingen darauf hinaus, dass die SS Sprengstoff oder Munition beseitigt hatte. Offensichtlich handelte es sich um größere Mengen. Diese Annahme war wahrscheinlich, da sich bis zum Dezember 1944 in der Nähe von Crawinkel ein Munitionsbetrieb befunden hatte. Es war möglich, dass den bei der Beräumung tätigen Häftlingskommandos ein Unglück zugestoßen war. Offensichtlich gaben sich auch die Amerikaner mit diesen Erklärungen zufrieden. Über spätere Nachforschungen ist mir nichts bekannt.

Vor einiger Zeit sah ich Bilder im Fernsehen von Atombombentests der Amerikaner. Das Szenario und die dazugehörigen Kulissen ließen in mir Erinnerungen wach werden ..."

BUCHENWALDLIED

Wenn der Tag erwacht, eh die Sonne lacht,
die Kolonnen ziehn zu des Tages Mühn
hinein in den grauen Morgen.
Und der Wald ist schwarz und der Himmel rot,
und wir tragen im Brotsack ein Stückchen Brot
und im Herzen, im Herzen die Sorgen.

Und die Nacht ist heiß und das Mädel fern,
und der Wind singt leis, und ich hab sie so gern,
wenn treu, ja, wenn treu sie nur bliebe.
Und die Steine sind hart, aber fest unser Schritt,
und wir tragen die Pickel und Spaten mit,
und im Herzen, im Herzen die Liebe.

Und die Nacht ist kurz und der Tag so lang,
doch ein Lied erklingt, das die Heimat sang:
Wir lassen den Mut uns nicht rauben!
Halte Schritt, Kamerad, und verlier nicht den Mut,
denn wir tragen den Willen zum Leben im Blut
und im Herzen, im Herzen den Glauben.

Refrain:
O Buchenwald, ich kann dich nicht vergessen,
weil du mein Schicksal bist.
Wer dich verließ, der kann es erst ermessen,
wie wundervoll die Freiheit ist.
Doch Buchenwald, wir jammern nicht und klagen,
und was auch unser Schicksal sei,
wir wollen trotzdem Ja zum Leben sagen,
denn einmal kommt der Tag: Dann sind wir frei!

Kriegs- und Nachkriegsberichte

Zeuge Gideon S. Preston, amerikanischer Staatsbürger:

„In der fraglichen Zeit war ich als Frontberichterstatter der 89. Infanteriedivision der 3. US-Armee zugeteilt. Als solcher war ich im Stab General Pattons integriert. Bekanntlich liebte der General Publicity um die Armee und speziell zu seiner Person. Am 31. März 1945 hatten General Dwight D. Eisenhower, der spätere US-Präsident, und General Omar N. Bradley beschlossen, der bereits in Hessen befindlichen Armee Patton 24 Stunden freie Hand zu geben, um die thüringische Ortschaft Ohrdruf zu erreichen. Nach Aussagen eines deutschen Überläufers und nach Funkmeldungen einer britischen Agentin aus Arnstadt sollte sich dort ein geheimes Quartier Hitlers befinden.

Zur Unterstützung und Absicherung Pattons wurde zunächst eine Luftlandeoperation im Raum Arnstadt-Ohrdruf vorgesehen, dann aber aus Planungsschwierigkeiten wieder verworfen. Wir stießen mit unseren Panzerspitzen an Eisenach vorbei direkt in den Raum Gotha-Ohrdruf, den wir am 4. April befriedeten. Hier stoppten wir zunächst unseren Vormarsch, um die benachbarte erste und neunte Armee nachziehen zu lassen.

In Ohrdruf befreiten wir erstmals ein Konzentrationslager. Obwohl es sich um ein kleineres Lager handelte, waren wir doch tief beeindruckt und schockiert über die Leichenfunde, die zur Verbrennung vorbereiteten Stahlgerüste, den körperlichen Verfall der sklavenähnlich gehaltenen Menschen und die offensichtlich ausgeprägte Brutalität, die hier geherrscht haben musste.

Am 12. April besichtigten Eisenhower und Bradley das Lager. Auch sie waren schockiert und wütend. Ich erinnere mich, dass meine damaligen Berichte in unseren Zeitungen ungeheure Empörung auslösten.

Bei ihrer Besichtigung wurden die beiden Generäle von einem deutschen Häftling durch das Lager geführt, der durch seine Kenntnisse aller Einzelheiten beeindruckte. Niemanden fiel auf, dass dieser stämmige und untersetzte Mann im Gegensatz zu den stark unterernährten Lagerinsassen über eine hervorragenden Gesundheitszustand verfügte. Nach dem Besuch unserer Armeechefs stellte sich heraus, dass es sich bei diesem Führer nicht um einen ehemaligen Häftling, sondern um einen

SS-Aufseher gehandelt hatte. Der Mann wurde sofort erschossen, unsere Blamage geheim gehalten.

Neben dem Lager fanden wir ein geheimes Nachrichtenzentrum, im deutschen Code als Amt 10 bezeichnet, das offensichtlich kaum in Betrieb gewesen war, aber durch seine Anlage ca. 20 Meter unter der Erde und seine Modernität beeindruckte. Ein eigentliches Hauptquartier fanden unsere Leute nicht. Wir stießen zwar auf ein offenbar weit verzweigtes Stollensystem, sahen aber in dessen Anlage keinen Sinn. Große Teile waren durch Sprengung zerstört.

In den umliegenden Wäldern fanden wir Unmengen von Heeresausrüstung, aber auch mit Mobiliar und Archivunterlagen beladene und stecken gebliebene LKW. Offensichtlich war unser Vorstoß zu schnell und überraschend gekommen.

Ich denke, dass es sich bei unseren Funden nur um Überreste gehandelt hat. Die deutsche Bevölkerung muss vor uns schon große Teile der durch die Wehrmacht und SS zurückgelassenen Ausrüstung weggeschleppt haben.

Unsere Geheimdienstleute befragten ehemalige Häftlinge, Soldaten, SS-Leute und die Zivilbevölkerung nach dem Zweck der Stollenbauten, der Anlage der Eingänge zum System und deren Befahrbarkeit sowie zum Verbleib Hitlers, aber offensichtlich ohne großen Erkenntnisgewinn."

Zeuge Dr. P. Adamson, Bürger des Staats Israel:
„Im Jahre 1945 diente ich als Offizier in der amerikanischen Armee. Ich gehörte als solcher einer Gruppe aus Spezialisten und Wissenschaftlern an, die mit der kämpfenden Truppe vorrückte und deren Aufgabe es war, geheime Anlagen, Dokumente, Kunstschätze und Devisen zu erkunden und zu erfassen, aber auch damit befasste Personen festzustellen und zu isolieren. Wir waren ein so genanntes Alsos-Kommando, dem Armeestab direkt unterstellt und nur ihm rechenschaftspflichtig.

Durch eigene und britische Luftaufnahmen, Agentenfunk und Überläuferhinweise vermutete unsere Armeeführung im Raum Arnstadt mehr als nur eine Nachrichtenzentrale.

Im Stollensystem des Jonastals fanden wir neben offensichtlich zur Produktion vorgesehen Räumen riesige durch Sprengung verfüllte vertikale Schächte, isoliert vom übrigen Tunnelsystem niedergebracht, deren Zweck wir uns damals nicht erklären konnten. Zur Beräumung fehlte uns die Zeit. Unerklärlich bezüglich seines Zwecks war weiterhin ein saalähnlicher Raum, bis ins Letzte bestückt mit leistungsfähigen Generatoren. Es war für uns kaum vorstellbar, dass das von uns aufgebrachte System einen derartigen Aufwand an Energie benötigen sollte.

Interessant war ein Nebenstollen, der mit laborähnlich ausgestatteten Räumen versehen war. Wir fanden hier mehrere offenbar für wissenschaftliche Arbeiten eingerichtete Arbeitsplätze. Ein speziell abgesicherter Raum enthielt eine mit Wasser gefüllte Grube, in die an Drahtgestellen hängende Metallwürfel von ca. drei Zentimeter Kantenlänge eintauchten. In vorhandenen milchkannenähnlichen Gefäßen war ebenfalls Wasser enthalten.

In einem ehemals verblendetem Nebenraum fanden wir mehrere etwa fußballgroße armierte Metallbehälter, die zur Aufnahme eines uns unbekannten Zündungssystems vorgesehen waren. Ihrer Form nach erinnerten diese Körper an mittelalterliche Bomben.

Schriftliche Unterlagen fanden wir nur in geringem Maße, darunter aber solche, die Hinweise auf eine ebensolche Anlage im nahen Stadtilm enthielten. Tatsächlich fanden unsere Leute bei der Einnahme von Stadtilm im Keller einer ehemaligen Schule zwei ähnlich ausgestattete Gruben.

Unsere Funde lösten im Armeestab panikartige Hektik aus: Am siebten April landeten auf dem Feldflugplatz über dem Jonastal mehrere Flugzeuge mit eigens eingeflogenen Spezialisten, die nach Besichtigung der Räume im Stollen und in Stadtilm sofort deren Räumung veranlassten. Ich sah noch, wie am 7. April per Flugzeug und am 8. und 9. April mittels LKW-Kolonnen das gefundene Material weggebracht wurde. Hinweise auf ein Quartier Adolf Hitlers im eroberten Raum wurden nach meiner Kenntnis nicht gefunden.

Erst in den sechziger Jahren führte mich eine Besuchsreise wieder nach Deutschland. Anlässlich eines Stuttgart-Besuchs erfuhr ich von einem Atommuseum in Haigerloch auf der Schwäbischen Alb. Hier fand ich die in ihrer Anlage gleichen Einrichtungen vor, wie ich sie während des Krieges in Thüringen gesehen hatte. Besonders beeindruckten mich Fotografien unserer Soldaten, die mit bloßen Händen Uranwürfel auf offene Lastwagen verluden. Was mag aus ihnen geworden sein?"

Igor D., Bürger der ehemaligen UdSSR:

„Ende der sechziger bis Mitte der siebziger Jahre diente ich als Oberst und Chef einer Politabteilung der 8. Gardearmee in Ohrdruf in Thüringen. Dementsprechend war ich u. a. verantwortlich für die politische Bildung unserer Offiziere und Soldaten in Nohra bei Weimar, Rudisleben bei Arnstadt, Ohrdruf und auf dem von Ihnen hinterfragten Übungsplatz.

Von der Vorgeschichte des Platzes weiß ich nur so viel, dass wir ihn am 1. Juli 1945 im Rahmen eines Gebietsaustausches zwischen den Alliierten von den Amerikanern übernommen haben. Weiterhin weiß ich von ehemaligen Veteranen dieser Zeit, dass unsere Abwehr- und Geheimdienstleute offensichtlich nach Abzug der Amerikaner verschiedene aufgefundene bzw. von diesen zurückgelassene oder ignorierte Materialien verpackt und in die Union verbracht haben.

Im Politunterricht wurden die jungen Soldaten immer wieder von uns auf den geschichtlichen Zusammenhang unseres Übungsplatzes mit dem ehemaligen KZ Buchenwald hingewiesen. Desgleichen wurden die Soldaten zur Pflege und Achtung gegenüber den auf dem Platz vorgefundenen Grabstätten ehemaliger Häftlinge und Kriegsgefangener angehalten. Makaber war es für mich, nach unserem Abzug erfahren zu müssen, dass ein Teil der auf dem betreffenden Gebiet gelegenen Friedhofsanlagen über Jahrzehnte von uns als Panzerübungsstrecke benutzt worden war.

Noch vorhandene Stollensysteme bzw. deren Eingänge wurden von uns aus Zwecken der Sicherung des Übungsbetriebes auf dem Platz gesprengt und verfüllt. Dasselbe geschah mit Fundmunition und Bunkerresten. Ansonsten ist mir über irgendwelche Funde oder etwaige Geheimnisse um den Platz Ohrdruf nichts bekannt. In meinen Augen ist er ein Truppenübungsplatz wie jeder andere."

Zeuge Alexander K., ehemaliger Bürger der UdSSR:

„Von den siebziger Jahren an bis zu seiner Aufgabe war ich Platzkommandant des Truppenübungsplatzes Ohrdruf in Thüringen. Auf Grund seiner Ausdehnung und seiner isolierten Lage eignete sich der Platz hervorragend für das Übungsschießen mit schwerem Gerät, also Haubitzen und Panzern. Neben der Nutzung als Schießplatz unterhielten wir eine Übungs-strecke für die Ausbildung von Panzerfahrern und ein Zielrondell für Luft-Boden-Raketen. Daneben waren bewegli-che und stationäre Funkmessstellen und Leiteinrichtungen für Boden-Luft-Radar auf dem Platz stationiert. Bis in die achtziger Jahre geheim, enthielt der Platz Stellungen für Raketen, zuletzt vom Typ SS 20.

Noch zu meiner Zeit existierten Pläne, das den Platz begrenzen-de Jonastal für die öffentliche Nutzung zu sperren und die anlie-genden Ortschaften Gossel und Espenfeld von der Bevölkerung zu beräumen. Anlass waren immer wiederkehrende Zwischen-fälle infolge von Fehlschüssen und die Möglichkeit der Ein-sichtnahme von Teilen des Übungsgeländes aus den Dörfern heraus. Diese Räumungs- und Sperrpläne wurden nie verwirk-licht.

Für mich heute noch beeindruckend ist der Gedanke, dass wir in Ohrdruf die Ersten im gesamten Bereich der Sowjetarmee waren, die das neue Schießtraining für die in Afghanistan herrschenden Bedingungen einführten: Lande-, Start- und Anflugmanöver von Hubschraubern unter Beschuss von Bo-den-Luft-Raketen.

Unsere MI-24 verschossen hierbei Leuchtraketen, um die Trefferquote anfliegender feindlicher Raketen zu mindern bzw. eine Zielablenkung zu erreichen. Diese Methode hat sich unter Kriegsbedingungen als äußerst wirksam zur Neutralisation der amerikanischen Stinger-Raketen erwiesen.

Über von Ihnen angedeutete Geheimnisse um den Übungsplatz ist mir nichts anderes bekannt als die Tatsache, dass hier im Krieg Bautätigkeit über den Übungsbetrieb eines solchen Platzes hinaus stattgefunden haben muss. Außerdem weiß ich, dass hier Häftlinge aus Buchenwald arbeiten mussten. Aus Erzählungen meines Vorgängers habe ich gehört, dass beim Einbruch eines Panzers in den sechziger Jahren Teile einer in Richtung Crawinkel verlaufenden gut erhaltenen Betonstraße sichtbar wurden. Vor der Verfüllung gemachte Fotoaufnahmen des unterirdischen Hohlraumes erwiesen sich nach der Entwicklung als nicht gelungen, was dem damaligen Fotografen viel Spott eintrug."

Zeuge J. Branskauskas, Bürger der Republik Litauen:

„Ich erinnere mich gern der Arnstädter Zeit. Von Ende der achtziger Jahre bis zur Räumung 1993 war ich Chef einer Nachrichteneinheit auf dem Eichfeld bei Arnstadt. Unsere Aufgabe war es, mittels Boden-Luft-Radar den Korridor des internationalen Flugverkehrs zu überwachen, als Leitstelle für Trainingsflüge unserer in Nohra bei Weimar stationierten Hubschrauber zu wirken sowie koordinierend zwischen den Raketenbasen Rudisleben, Ohrdruf und Hermsdorf tätig zu sein.

Unser Nachrichtenzentrum war in einem mit Hyperbolidschalen ausgekleideten Bunker im Wald untergebracht, als Unterkunft diente eine gemauerte Baracke. Mit der Zeit hatten wir uns etwas Gemütlichkeit und Bequemlichkeit zugelegt: eine Sauna, einen Volleyballplatz und zur Aufbesserung der Verpflegung eine kleine Kolchose, d. h. ein paar Schweine, Schafe, Enten und Hühner.

Verbindung zur Außenwelt bestand nur über die täglichen Essentransporte aus Rudisleben, ansonsten lebten wir vollkommen isoliert. Die deutschen Spaziergänger mieden unser Wäldchen. Nur mit den hier ansässigen Jägern hatten wir uns etwas angefreundet, wir unterhielten uns über persönliche Dinge und die Jagd, natürlich ausnahmslos außerhalb des Sperrzaunes. Die deutschen Jäger verdächtigten uns immer wieder der Wilderei (was ja auch stimmte, unsere Soldaten fingen Wild in Schlingen) und schossen trotz Freundlichkeit unsere freilaufenden Hunde ab.

Aus den Gesprächen hatten wir auch entnommen, dass es um den Übungsplatz Vermutungen über das Vorhandensein unterirdischer Hohlräume und etwaig versteckter Schätze gab. Scherzhaft hatten wir den Deutschen beim Auffinden eine Teilung zwischen uns versprochen. Tatsächlich waren unsere Leute beim Anlegen des Nachrichtenbunkers und des Gebäudekellers auf verschüttete Anlagen gestoßen. Wir hielten sie für ehemalige Bunker und beräumten nur einen Teil derselben von Schutt, um die entstandenen Räume für ein Dieselfasslager und als Schweinestall zu nutzen. Den Vermutungen der Deutschen gingen wir nicht nach. Dazu fehlte die Zeit, und wir glaubten auch nicht an ihre Ernsthaftigkeit. Vielleicht erfahre ich eines Tages aus der Presse, auf welch geheimnisvollem Boden wir jahrelang unseren Dienst versahen."

Zeuge Waldemar G., Schmiedemeister:

„Seit Urzeiten wohnen meine Leute im thüringischen Stadtilm. Wir sind seit Generationen Metallarbeiter – Schmiede und Schlosser. Seit 1935 führe ich als Meister unser Geschäft und erledige die aus dem Ort und der Umgebung anfallenden Aufträge. Eigentlich ist mein Leben keine aufregende Sache.

Im ersten Krieg war ich aktiv, kam gesund wieder nach Hause, legte die Meisterprüfung ab und kam mit meiner Familie wie viele andere Deutsche auch mit Mühe und Entbehrungen durch die Zeiten der Inflation. Nach der so genannten Machtergreifung (meinem Wortschatz können Sie entnehmen, was ich davon halte), erfuhr auch mein Geschäft einen Aufschwung. Arbeit lohnte sich wieder, überall wurde gebaut, die Leute kamen wieder zu Geld. Wir lebten geruhsam, um Politik kümmerte ich mich nicht, für den 1939 beginnenden Krieg war ich zu alt.

Auch die Kriegszeit änderte an meinem Leben nichts, oder besser fast nichts – wäre da nicht ein Ereignis gewesen, das mich zu dieser Aussage veranlasst hat:

Zu Ende des Krieges, es muss im Winter 1945 gewesen sein, erhielt ich einen Auftrag zur Anfertigung so genannter Pratzen, also von Standbeinen samt Halterungen für Behälter, um diese über dem Boden aufstellen zu können. In diesem Falle musste es sich um größere und schwere Gefäße handeln. Ich erinnere mich genau an diesen Auftrag wegen der ungewöhnlichen Art und Weise seiner Übermittlung und Ausführungsbedingungen. Auftraggeber war eine Gruppe von offensichtlich Evakuierten, die sich im Keller unserer eigens für sie geräumten Schule eingerichtet hatten und dort irgendwelche Arbeiten verrichteten. Was dort genau vorging, erfuhr und wusste von uns Einheimischen niemand. Die Arbeiten erfolgten hinter verschlossenen Türen und die dort Beschäftigten, es mögen zirka acht Leute gewesen sein – ausschließlich Männer im besten Alter – isolierten sich streng von der Bevölkerung. Unter der Hand nannten wir sie 'Bibelforscher'.

Als Grundlage für meine Arbeit erhielt ich eine unfachmännisch angefertigte Handskizze, nach deren Hinterfragung ich die Arbeiten begann. Ich schweißte und schraubte die bestellten Teile zusammen und informierte meinen Auftraggeber, einen Herrn Dr. Th., nach vierzehn Tagen (das war die

Anfertigungsfrist) von der Erledigung der Bestellung. Herr Dr. Th. kam mit einem Lastwagen, und meine Leute verluden die Teile. Herr Dr. Th. äußerte sich zufrieden mit meiner Arbeit und erwähnte im abschließenden Gespräch, dass ich damit an einer für Deutschlands Endsieg entscheidenden Sache mitgearbeitet hätte. Ich musste lachen und sagte ihm, dass jeder Hufbeschlag bei einem Pferd bedeutender als diese Arbeiten sei. Als Dr. Th. merkte, dass ich mich über ihn lustig machte, wurde er ernst und deutete an, dass mit meiner Hilfe in Stadtilm eine Waffe entstehen würde, die, einmal eingesetzt, zehntausenden von Menschen das Leben kosten könne. Daraufhin entgegnete ich, dass ein gedienter Artillerist des Ersten Weltkrieges wohl wüsste, welche Wirkungen schwere Geschosse haben könnten. Eine solche von ihm angedeutete Wirkung hielte ich aber für stark übertrieben und unglaubwürdig. Herr Dr. Th. war zwar über meine Reaktion nicht verärgert, beendete aber abrupt das Gespräch. Einige Wochen später verschwanden die Leute aus der Schule über Nacht, das Gebäude war verschlossen und anscheinend geräumt worden.

Die einmarschierenden Amerikaner nisteten sich in der Schule ein und befragten die Einwohner unserer Stadt nach allem Möglichen.

Jahre vergingen, ich hatte die Angelegenheit und meinen Auftrag schon vergessen. Ende der fünfziger Jahre wurde das Gerücht laut, im Keller unserer ehemaligen Schule sei Atomforschung betrieben worden. Beim abendlichen Bier in einer gemütlichen Runde erzählte ich von meinem damaligen Erlebnis. Die Folge war, dass ich mehrfach von Herren der Staatsicherheit aus Erfurt Besuch bekam, die minuziös meine vor Jahren geführten Gespräche rekonstruierten. Erst als man merkte, dass ich wirklich nichts Entscheidendes wissen konnte, hatte ich Ruhe. Wenn ich mir überlege, an was ich da 'mitgearbeitet' habe, komme ich schon ins Grübeln."

Zeuge Walter U., Schatzsucher:
„Als Arnstädter hat mich das Gerede um das Jonastal schon immer fasziniert. Das habe ich von meinem Vater, der als Halbwüchsiger mit meinem Großvater das Jonastal und die Umgebung erforschen wollte. Von ihm weiß ich auch, dass

der Truppenübungsplatz früher an manöverfreien Tagen frei zugänglich war und die Leute dort in die Pilze gehen konnten.

Nach der Wende besorgte ich mir ein Minensuchgerät und klapperte alle meiner Meinung nach interessanten Stellen um den Übungsplatz ab. Außer Russenschrott und verrosteten Geschosshülsen fand ich nichts. Ich gab schließlich auf weil ich dachte, dass im oberflächennahen Erdreich kaum etwas zu finden sein würde.

So kam ich auf die Idee, bergmännisch vorzugehen. Im Stadtmuseum und in Veröffentlichungen um das Jonastal fand ich Fotografien, aus denen ich meine Schlussfolgerungen zog. Außerdem war für mich klar, dass an alten Arbeitsstellen trotz Verschüttungen noch Hinweise auf ehemalige Versorgungsleitungen oder deren Reste vorhanden sein müssten. Ich fand eine solche Stelle und begann, eine dort vorhandene natürliche Felsspalte zu erweitern.

Natürlich war dieses Vorhaben nicht ungefährlich und alles andere als einfach, da ich allein arbeitete und bei einem Unfall kaum eine Chance gehabt hätte, ungeschoren davon zu kommen. Aus Gebäudeabrissen in Arnstadt hatte ich mir Stempelmaterial und Bretter besorgt, die ich zur Aussteifung des entstandenen Hohlraums benutzte.

Ich hatte mir ausgedacht, mich im Falle meiner Entdeckung als geologisch Interessierter auszugeben. In Erwartung dieses Falls hatte ich weiterhin die Abstützungen so angelegt, dass durch eine Reißleine das System in der gesamten Länge zum Einsturz gebracht werden konnte. Aber es ging alles glatt.

Am siebzehnten Arbeitstag stieß ich auf Sand, wie man ihn zur Verfüllung oder Auffüllung auf Baustellen verwendet. Gleichzeitig bemerkte ich, dass der schon vorher vorhandene Geruch nach Diesel stärker wurde.

Nach zwei Tagen weiterer Arbeit räumte ich die ersten Betonbrocken weg und musste mühsam Baustahlbewehrungen durchtrennen, um weiterzukommen. Und da trat die Katastrophe in Gestalt eines Joggers ein, der mich beobachtet hatte und der Polizei meldete. Es gelang mir noch, den Gang zum Einstürzen zu bringen, ehe man mich mitnahm.

Das nächste Mal bin ich klüger."

Zitate

Adolf Hitler:

„Der Mangel an einer großen umgestaltenden Idee bedeutet zu allen Zeiten eine Beschränkung der Kampfkraft. Die Überzeugung vom Recht der Anwendung selbst brutalster Waffen ist stets gebunden an das Vorhandensein eines fanatischen Glaubens an die Notwendigkeit des Sieges einer umwälzenden Neuordnung dieser Erde!

... V 2 ist das Neue schlechthin, kein Endpunkt, sondern ein Anfang mit unabsehbaren Möglichkeiten. Wer will ihre Grenzen im voraus bestimmen? Wer will ihrer Reichweite in der Todesstille des Weltraumes eine Schranke setzen, wo es keinen Luftwiderstand und keine Luftströmung gibt? Wer will das Optimum ihrer Wirkung noch berechnen, da es dem deutschen Genius nun einmal gelungen ist, den entscheidenden Schritt zu tun und solche Massen über solche Entfernungen mit tödlicher Sicherheit zu schleudern?"

Winston Churchill:

„Wir haben fünf Minuten vor Zwölf gesiegt."

General George S. Patton:

„Es ist die größte Chance der Weltgeschichte sich mit Lorbeer zu bedecken, wenn es gelingt, das deutsche Nachrichtenzentrum im Raum Ohrdruf so schnell wie möglich zu erobern."

Albert Speer, Auszüge aus der Erklärung vor dem Nürnberger Tribunal:

„Der Krieg endete mit ferngelenkten Raketen, mit schallschnell fliegenden Flugzeugen, mit neuen U-Booten, die selbstzielsuchende Torpedos auf ihr Ziel abschossen, mit Atombomben und dem Gespenst grauenvoller chemischer Kriegführung.

Im nächsten Krieg droht unweigerlich der Einsatz solcher, menschlichem Genius entsprungener Vernichtungswaffen. In fünf oder zehn Jahren wird es die Kriegstechnik ermöglichen, Raketen von Kontinent zu Kontinent mit tödlicher Genauigkeit zu schießen. Zu jeder Tag- und Nachtzeit wird es voraussichtlich mit einer kleinen Bedienungsmannschaft von nur zehn

Mann ohne Vorwarnung, ohne sichtbare Anzeichen drohender Luftgefahr möglich sein, eine schneller als der Schall fliegende und mit einem Atomsprengkopf ausgerüstete Rakete abzuschießen und damit eine Million Menschen im Herzen New Yorks in wenigen Sekunden zu vernichten. Wissenschaftler verschiedener Länder können mit Insektiziden Epidemien über Mensch und Tier bringen und Ernten vernichten."

Generalfeldmarschall Wilhelm Keitel:
„Schon seit dem Sommer 1944 führte Deutschland einen Krieg um Zeitgewinn, wobei es hoffte, dass in dem Krieg, an dem auf beiden Seiten verschiedene Staaten, verschiedene Heerführer, verschiedene Heere und verschiedene Flotten beteiligt waren, eine ganz unerwartete Änderung der Lage infolge von Kombinationen verschiedener Kräfte eintreten könnte. Wir führten also den Krieg in Erwartung von Ereignissen, die eintreten sollten, aber nicht eintraten."

Kommentar eines Insiders

„Mein Name ist Julius Sch., in der von Ihnen betrachteten Zeit war ich Chef der Persönlichen Adjutantur des Führers und Reichskanzlers Adolf Hitler im Range eines SS-Obergruppenführers. Ich kann behaupten, einer der wenigen Vertrauten des Führers gewesen zu sein und behaupte gleichermaßen, zu dem Personenkreis gehört zu haben, der mehr als andere die Person des Chefs einschätzen kann und über Zusammenhänge und Entscheidungen, gerade was die letzten Tage des Reiches anbetrifft, Bescheid gewusst zu haben.
Wie Sie wissen, waren die letzten Monate des Krieges besonders schwer. Die Kampfhandlungen hatten deutschen Boden erreicht, immer mehr Gaue und Städte wurden vom Feind besetzt, unser eigener Handlungsspielraum wurde mit jedem Tag mehr eingeengt. Auch der Führer hatte erkannt, dass die Chance vom März 1943, unter imperialen Einbußen, aber immer noch mit einem Großdeutschen Reich, den Krieg mit einem Stalinschen Seperatfrieden zu beenden, endgültig vertan war.

Darüber hinaus bestand die besondere Tragik dieser Tage darin, dass es durch Konzentration von Kräften und Material endlich gelungen war, bis dahin nicht erreichte Produktionszahlen an Kriegs- und Versorgungsgerät zu erzielen.

Was uns blieb, war die Verteidigung auf engstem Raum, der Aufbau einer Rundumverteidigung mit einer völlig neuen Waffengeneration.

Der Führer hatte die Gewohnheit, in kritischen Situationen die aktuellen Fragen mit den lokalen Oberbefehlshabern im Rahmen von Frontbesuchen persönlich zu besprechen. Sein lebhaftes Vorstellungsvermögen und bildhaftes Denken ermöglichten ihm, auch schwierigste militärische Probleme zu entkomplizieren und vereinfacht darzustellen. Außerdem verlor er nie den Glauben an sich selbst.

In diesem Sinne ist auch der Besuch Hitlers in Thüringen im März 1945 zu sehen. Hier erläuterte er den Spitzen der Reichsregierung und den führenden Militärs die Situation und beschwor in eindringlichen Worten die Anwesenden, die Lage noch bis mindest Juni zu halten.

Die gleichen Argumente hatte ich schon bei seinem Besuch der Oderfront in Bad Freienwalde bei Berlin gehört. Es galt nach seinen Worten, unter allen Umständen die Front zum Stillstand zu bringen und die militärische Lage zu stabilisieren. Mit seinen Worten ausgedrückt: 'Jeder Tag und jede Stunde sind kostbar, um die fürchterlichen Waffen fertig zu stellen, welche die Wende bringen.'

Auch die aus heutiger Sicht als unsinnig angesehenen Erklärungen deutscher Städte und Gaue zu Festungen sind dieser Motivation unterzuordnen. Das Motto hieß allein: Zeit schaffen!

Die wenigsten Deutschen wussten, dass die deutsche Rüstung eine vollkommen neue Qualität erreicht hatte. Wir verfügten zum Ende des Krieges über eine Waffengeneration, deren Einsatz kriegswendend gewirkt hätte. Dazu gehörten eine prototypenreif konstruierte Uraniumbombe, die über einen Richtstrahl lenkbare Boden-Luft-Rakete 'Wasserfall', die Tieffliegerabwehrrakete 'Föhn', die Luft-Luft-Rakete 'Orkan', die USA-Fernrakete A 9, die Feststoffrakete 'Rheintochter', die bemannte Rakete 'Natter', der Düsenjäger Me 262, der Raketenjäger Me 163, der Raketenabfangjäger Ba 349, der

Düsenbomber Arado 234, der Volksjäger He 162, neue Defensiv- und Offensivtanks, der Einsatz von Lost und Tabun und der Einsatz einer neuen U-Bootgeneration, die in der Lage war, ohne aufzutanken die Welt zu umrunden.

Die Kernidee bestand im März 1945 darin, A 9-Raketen mit mehreren Atomsprengköpfen in die Mutterländer der deutschen Kriegsfeinde zu starten und diese friedensbereit zu bomben.

Dazu war die Basis Jonastal vorgesehen. Im Anschluss daran sollte der Krieg dank der neuen Waffen die Alliierten unter Druck setzen.

Es scheint unwahrscheinlich, dass die Alliierten, besonders die Briten und Amerikaner, von den deutschen Bestrebungen nichts gewusst haben. Luftaufklärung, Verrat, Agentenfunk und Fremdarbeiterspionage lenkten die Armee Patton von Kassel nach Ohrdruf. Bevor sie dieses erreichten, pausierten die amerikanischen Verbände trotz Überlegenheit erst einmal eine Woche in Gotha, also nur wenige Kilometer vom sie interessierenden Jonastal entfernt, angeblich, um ihren Frontnachbarn Zeit zum Nachrücken zu geben.

Die Eroberung des Tals selbst erfolgte dilettantisch und unter offensichtlicher Ignorierung der auf die äußerste Wichtigkeit des Objektes hinweisenden Tatsachen. So stieß der Großteil der Amerikaner am Jonastal vorbei, scheinbar ohne Kenntnis seiner militärischen Bedeutung.

Desweiteren erhebt sich an dieser Stelle die Frage der unterbliebenen Bombardierung im Vorfeld der Einnahme, mit der sie, ohne große Verluste befürchten zu müssen, die Bautätigkeit zumindest erheblich gestört hätten. Anstatt solcher greifender Maßnahmen kam es lediglich zu einzelnen Luftgeplänkeln im Oberhofer Raum.

Auch das Verhalten bei der Einnahme von Stadtilm ist undurchsichtig: die Entdeckung von Überresten eines deutschen Kernreaktors und des dazugehörigen Materials wurde geradezu provozierend als Nebensächlichkeit behandelt. Warum?

Ganz anders die Einnahme der V 2-Produktionsstätten in Nordhausen: eine riesige Publikationswelle wurde entfacht, die Entdeckung weltweit ausgeschlachtet, einhundert fertig montierte V 2 wurden sofort in die USA verbracht. Den nach den Amerikanern kommenden Russen blieb der Rest.

Und schließlich das Verhalten der so genannten amerikanischen Spezialisten des Alsos-Kommandos in Haigerloch: auf den dort befindlichen Fotografien im jetzigen Atommuseum können Sie sehen, wie amerikanische Soldaten mit bloßen Händen Spaltmaterial auf offene Lastwagen verladen und abtransportieren! Für mich besteht der Eindruck, dass sich die Amerikaner über die Bedeutung ihrer Entdeckungen im Jonastal, in Stadtilm und in Haigerloch gar nicht im Klaren waren. Sie verhielten sich einfach zu dilettantisch.

Die Russen wussten genau um den Wert des von ihnen übernommene SS-Werkes im Südharz. Sie hatten sofort erkannt, dass es sich hier um eine groß angelegte Produktionsstätte von Atombomben handelte und verlagerten diese unverzüglich nach der Kapitulation in die UdSSR. Die gelegentlich gegebene Information des US-Präsidenten an Stalin über die Existenz einer amerikanischen Atombombe ließ diesen vollkommen unbeeindruckt. Stalin wusste, was seine Leute in Nordhausen gefunden hatten und er nun hinter dem Ural nutzte.

Auch deutsches Rüstungsgerät war gut aufgehoben: die Amerikaner und Russen bauten mithilfe deutscher Konstruktionsunterlagen ihre Raketenwaffen auf bzw. schufen Luftwaffen mit modernen Turbinen- und Strahltriebwerken.

Sowjetischer Sputnik und amerikanische Mondlandung sind nichts weiter als die Fortsetzung deutscher Entwicklungskonzeptionen, ausgeführt von deutschen Wissenschaftlern und Fertigungsspezialisten.

Lesen Sie einmal die Protokolle zum Nürnberger Prozess! Kein Wort von Interglobalraketen, Atomsprengköpfen, deutschen Waffenkonzeptionen. Viele Fragen der alliierten Verhörer an Admiral Dönitz zum X-U-Boot. Reges Interesse dazu. Warum kein Interesse an den viel gefährlicheren Massenvernichtungswaffen und ihren Trägern? Seltsames Verhalten.

Hermann Göring wurde massiv befragt und zu Stellungnahmen gedrängt. Nicht moderne Rüstung betreffend. Göring hätte viel gewusst. Er war Leiter dieses bis heute ominösen 'Forschungsamtes der Reichspost', dem die Entwicklung neuer Waffen und deren Erprobung oblag.

Speer hat viel gewusst. Hat er geschwiegen?

Fragen über Fragen.

Auch im amerikanischen Heeresarchiv findet sich keine Antwort. Im Tagebuch der Armee Patton fehlen sämtliche Aufzeichnungen zu den Thüringer Stoßtruppunternehmen mit dem Ziel Jonastal. An der Seitennummerierung ist erkenntlich, dass die betreffenden Texte entfernt wurden. Warum?

Man kann die Geschichte verbiegen, kann Ereignisse verschweigen, Blickwinkel schaffen. Man kann Geschichte interpretieren, verteufeln, propagieren. Und man kann lügen. Aber nicht ewig.

Niemand von den ehemaligen Alliierten gibt bis heute zu, von deutschen Waffenentwicklungen profitiert zu haben. Deutschland gilt bis heute als alleiniger Verursacher des Zweiten Weltkrieges. Wir wissen, dass weder den Amerikanern noch Stalin dieser Krieg ungelegen kam. Wir wissen auch, wie Deutschland nach dem Willen der Sieger heute aussehen sollte. Und eines wird nie erwähnt: Ohne Versailles hätte es Adolf Hitler und sein Deutschland nie gegeben!"

Das Objekt

Es wurde anfangs gesagt, dass im Verlauf der Herrschaft der Nationalsozialisten eine Vielzahl von Sonderobjekten in den verschiedensten Ländern entstand. Diese Objekte dienten der Leitung und Koordinierung kriegerischer Handlungen in den besetzten Gebieten und werden landläufig als „Führerhauptquartiere" bezeichnet, oder sie dienten der Produktion von Rüstungsgütern und tragen die Merkmale von Fabrikanlagen.

Niemand kann behaupten, dass es zur Aufklärung der örtlichen Gegebenheiten solcher Objekte nach dem Krieg übermäßigen Eifer gegeben hätte. Sowohl in der Ukraine als auch in Polen, Frankreich, der Tschechoslowakei, Österreich und Deutschland selbst kümmert sich, von der Vermarktung der Wolfsschanze bei Rastenburg abgesehen, kaum jemand um die Hinterlassenschaften dieser Anlagen.

Zeugenaussagen von Beteiligten sind kaum zu erhalten, lediglich ehemalige Plünderer können Auskunft geben. Erfahrungsgemäß wird aber in solchen Erzählungen der Wahrheit wenig die Ehre gegeben.

Es ist davon auszugehen, dass das im Herbst 1944 begonnene und im Frühjahr 1945 aufgegebene Objekt Jonastal in sich die Summe aller Bauerfahrungen für derartige Geheimprojekte vereint. Das trifft sowohl für die angewendeten Technologien als auch für die Tarnmaßnahmen zu.

Wer sich mit den Geheimbauten des Dritten Reiches beschäftigt und sich diese unter bautechnischen Gesichtspunkten angesehen hat weiß, mit welcher Akribie die Verblendung nach außen und innen erfolgte.

Die Arbeitsabläufe und Zeitpläne solcher Objekte waren so aufgebaut, dass ein Einzelner selbst bei größter Neugier niemals in die Gelegenheit der Erfassung von Zusammenhängen oder gar in die Kenntnis des Gesamtplanes gelangen konnte.

Auch Führungskräfte waren in diese Überlegungen einbezogen. Dazu kommt, dass der Baustab an der Spitze aus wenigen ausgewählten Insidern bestand, die über große einschlägige Erfahrungen verfügten und direkt mit den Führungsgrößen des Reiches kooperierten.

Als maßgeblich und kompetent muss hier der ehemalige Oberregierungsrat Dr. Ing. Hans Kammler gelten, der aus dem Reichsluftfahrtministerium zur SS kam. Als „Beauftragter des Reichsführers SS" leitete Kammler im Range eines Gruppenführers einen nach ihm benannten Sonderstab zur Ausführung ausschließlich geheimer Bauten für das Regime, so auch im Jonastal.

Kammlers Erfahrungen beim Bau von Geheimobjekten und deren Abschirmung sowie in der Leitung und Organisation von Gefangenenarbeit flossen also im Jonastal ein. Dazu kam, dass bei diesem Bauvorhaben schon aus Zeitgründen vornehme Zurückhaltung nicht am Platze war, das Projekt also durchgepeitscht werden musste.

Die Dringlichkeit der Baumaßnahmen war so hoch eingestuft, dass das Objekt entgegen aller Gepflogenheiten keine Nummer trug, also selbst außerhalb der Nomenklatur lief. Auch der persönliche Aufenthalt Hitlers und anderer Nazigrößen unterstreicht die Bedeutung des Bauvorhabens Jonastal.

Man nimmt heute an, dass mehr als 10 000 Menschen, in der Hauptsache Insassen Thüringer Konzentrationslager, am Bau beteiligt waren.

Man kennt heute auch Einzelheiten der Unterbringung, der Verpflegung, des Tagesablaufs, des Transports, der Unterkünfte und Unterbringung usw. Aber seltsamerweise hat sich noch niemand bereiterklärt, Einzelheiten des Baus bzw. der Ausstattung, ja sogar des Zwecks der unterirdischen Hohlräume im Jonastal auszuplaudern. Und das im Zeitalter der Sensationshascherei und gut honorierter Verrätereien. SS-General Kammler ist auf geheimnisvolle Art und Weise untergetaucht, untersuchte vermutete Grabstätten erwiesen sich als leer ...

Nun fällt es einem Fachmann nicht schwer, aus der Anzahl der Arbeitenden, der Art der angefallenen Arbeiten und der Anzahl der geleisteten Tagwerke das Arbeitsvolumen zu berechnen, hier also die Kubikmeter angelegten Hohlraums.

In unserem Falle scheitern die Versuche schon, weil die Meinungen über die Anzahl der eingesetzten Arbeitskräfte von 5 000 bis 20 000 schwanken. Aufzeichnungen existieren angeblich nicht. Diese Tatsache ist für den Kenner der deutschen Verwaltungsmentalität wenig überzeugend. Selbst in schweren Krisenzeiten wurden erbrachte Leistungen abgerechnet, zu Verpflegende akribisch hinsichtlich Zu- und Abgängen erfasst. Es ist bekannt, dass in Buchenwald zur Vereinfachung verwaltungstechnischer Vorgänge amerikanische Hollerithmaschinen Anwendung fanden.

Die bis heute vorgetragene Behauptung vom Versagen der Lagerführung hinsichtlich der eingesetzten Häftlingskontingente erscheint wenig glaubhaft. Auch Zeitzeugen sind wegen ihres abgegrenzten Wissens nicht aussagekräftig. Dazu kommt die Annahme, dass ein Großteil der Häftlinge ständig im Berg verbleiben musste und die Arbeiten dort nicht einsehbar waren. Auf keinen Fall können aber die bisher aufgefundenen Hohlräume das Resultat der Arbeit zehntausender Menschen, eingesetzt über Monate in Zwölf-Stunden-Schichten, sein. Offensichtlich wurde bisher nur ein Bruchteil der Arbeitsergebnisse bekannt.

Die Alliierten, speziell die Amerikaner, hätten anhand ihrer Luftaufnahmen, der beobachteten Materialtransporte, der Bewegungen im Lager, des sichtbaren Maschinenparks, der Versorgungsleitungen usw. spezielle Aussagen treffen können. Sie verfügten am Ende des Krieges über große Erfahrungen in der Auswertung von Luftbildern.

Außerdem ist bekannt, dass während des Krieges eine alliierte Agentenquelle in Arnstadt existierte, eine Frau, die regelmäßig Funkkontakt zu den Amerikanern hatte. Alle Bemühungen, zur Adresse dieser Person vorzudringen, blieben erfolglos. Für jeden, der die Auswüchse antifaschistischer Heldenverehrungen in der DDR-Zeit erlebt hat, nicht erklärlich.

Bleibt zuletzt die Frage, warum das Objekt Jonastal nicht bombardiert wurde, obwohl die offenen Mundlöcher und die überdimensionalen Kompressoren und Betonmischer davor die alliierten Bomber förmlich einluden. Wollte man die Häftlinge nicht gefährden (scheidet aus, Buchenwald wurde auch bombardiert), vermutete man wichtige Leute in den Baustellen, die man zu späteren Aussagen brauchte (scheidet aus, Peenemünde wurde auch bombardiert), wusste man um die ungewollte Freisetzung unbekannter Kampfstoffe oder -mittel, durch die man die mögliche Gefährdung eigener Truppen befürchtete oder wollte man unter allen Umständen etwas in Besitz bringen, von dem man wusste, dass es existiert?

Letztere Annahme, bestärkt durch das schon beschriebene Verhalten der Amerikaner nach der Besetzung des Jonastals in unmittelbarer Anwesenheit von Kampfgruppen der Waffen-SS, eine für US-Truppen im Gefecht sehr ungewöhnliche Verhaltensweise, ist die wahrscheinlichste.

Rätselhaft in diesem Zusammenhang ist auch das Verhalten der Verteidiger: Wieso kämpften SS und Wehrmacht noch verbittert in der Zeit vom 5. bis 11. April im Raum Crawinkel? Was machte diesen Raum so erhaltenswert? War die Einlagerung wertvoller Güter noch nicht beendet, waren Absicherungsmaßnahmen für Personen oder Güter noch nicht abgeschlossen? Fest steht, dass die scheinbar aussichtslosen Kampfhandlungen in diesem Raum dem Zeitgewinn dienten – und offensichtlich diesen Zweck auch erfüllten. Es bleiben Spekulationen.

Also spekulieren wir. Festzuhalten ist:

- Im arnstadtnahen Stadtilm befasste sich die Gruppe Dr. Diebner mit wahrscheinlich erfolgreichen Versuchen an einem Atommeiler.

- Im Jonastal waren die Voraussetzungen zur Erzeugung schweren Wassers vorhanden.

- Es gibt Anzeichen dafür, dass in einem Stollensystem im

Kienberg bei Crawinkel eine groß angelegte Giftgasproduktion aufgebaut wurde, wahrscheinlich vorgesehen für Tabun, Soman und Sarin. Es ist bekannt, dass ein Teil der Häftlinge an sonderbaren Krankheiten litt und isoliert wurde. Die geschilderten Krankheitsbilder weisen sowohl auf Verstrahlung als auch auf den Umgang mit Hautgiften hin. Den Generälen Eisenhower und Patton wurde im Rahmen ihres Besuchs im Lager Ohrdruf der Kontakt mit diesen Häftlingen verwehrt.

- Im Raum Kahla wurden Me 262 montiert, die Montage von Raketen war vorbereitet.

- Im Jonastal waren in unterirdischen Schächten Interglobalraketen mit Atomsprengköpfen stationiert.

- Im Jonastal war ein Raketenleitzentrum installiert, mit dessen Hilfe die Raketen über im Atlantik stationierte U-Boote ihre Ziele im Kernland der Alliierten erreichen sollten. Vorgesehen war weiterhin der Verschuss von chemischen Kampfstoffen.

- Neben kriegstechnischen Einrichtungen verfügte das Objekt Jonastal über eigene Fernmeldeämter mit Anschluss an das internationale Kabel, über luxeriös ausgestattete unterirdische Wohnanlagen für die Nazi-Prominenz sowie über einen unterirdisch angelegten Bahnhof, ein unterirdisches Straßennetz und einen eigenen Flugplatz mit unterirdischem Hangar. Sämtliche unterirdischen Objekte sind bis heute aus der Luft nicht erfassbar. Sie sind so geschickt getarnt, dass ihre Entdeckung nur zufällig sein kann. Es besteht die Gefahr der Verminung. Eine vorhandene Ansammlung von Edelmetallen und Kunstschätzen wird nicht ausgeschlossen.

Sämtliche Objekte, also Führungszentrum, Forschungslabors, Raketenstände, Fabrikanlagen zur Giftgasproduktion und Montagehallen für Raketen und Flugzeuge stehen miteinander in Verbindung, besitzen eine autarke Energie- und Wasserversorgung und sind unabhängig voneinander klimatisiert. Das Gesamtobjekt ist erweiterungsfähig angelegt.

Die Gesamtausdehnung des Objekts umfasst die Linien Arnstadt-Crawinkel-Friedrichsanfang (von NO nach SW) mit einer Länge von ca. 16 km Luftlinie, südlich begrenzt durch die gedachte Verbindung der Orte Gossel-Espenfeld und deren Verlängerung, die nördliche Begrenzung beginnt am Eulenberg bei Arnstadt, umfasst das Eichfeld, die Horst, den Tambuch, folgt der alten Kupferstraße bis vor Ohrdruf, dabei die Ortschaft Wölfis einschließend. Hier ergibt sich nahezu Deckungsgleichheit mit dem Gebiet des Truppenübungsplatzes. Die so umschriebene Gesamtfläche des Objektes beträgt ca. 50 Quadratkilometer.

Als Platz für das Leitzentrum muss das Gebiet unter dem ehemaligen Gasthof Klipper angenommen werden. Kraftstation und Elektrolyse befanden sich wahrscheinlich im Sonnenberg bei Arnstadt. Im Gebiet Bienstein-Kalahari-Tambuch könnten die Raketen stationiert gewesen sein. Oberhalb der Ortschaften Holzhausen-Röhrensee befand sich der erwähnte Flugplatz, von den Sowjets noch zu DDR-Zeiten genutzt, heute noch zum Truppenübungsplatz gehörend und dessen nördliche Grenze in diesem Gebiet bildend. Im Kienberg bei Crawinkel befand sich die chemische Fabrik zur Giftgasgewinnung.

Wie schon erwähnt, befanden sich in unmittelbarer Umgebung des betrachteten Gebietes modernste Fermeldeämter, eines davon im nördlichen Teil des Übungsplatzes. Inwieweit und ob überhaupt Verbindungen in den Raum Kahla bestanden, ist nicht bekannt. Bekannt ist aber, dass die Volksarmee der DDR vorhandene unterirdische Hohlräume im Raum Breitenheerda zu Raketenstellungen ausbaute und gleichfalls solche im Raum Jena-Hermsdorf vorhanden waren. Außerdem befanden sich Raketenstellungen der NVA im Raum Seebergen bei Gotha, also in unmittelbarer Nähe des von uns betrachteten Gebietes.

Es kann heute (noch) nicht geklärt werden, ob all diese Thüringer Objekte im betrachteten Raum punktförmig niedergebracht wurden, um später verbunden zu werden.

Es ist möglich, dass ein von Deutschland geführter atomarer Erstschlag für eine kurze Zeit zur Lähmung der alliierten Aktivitäten geführt hätte. Es ist weiterhin möglich, dass sich der Krieg dadurch für kurze Zeit verlängert hätte. Es ist unmöglich, aus einer winzigen verbliebenen Reststellung heraus die Kriegswaffenproduktion in kurzer Zeit so anzukurbeln, dass als Ergebnis dieser Anstrengungen ein Kriegsgewinn erzielt werden kann.

In diesem Sinne erscheint die Anlage Jonastal als Ausdruck einer fehlenden Konzeption für den Fall einer deutschen Niederlage. Und als nichts anderes ...

Natürlich besteht eine Gewissheit: Wenn das Dritte Reich Unterlagen, Reichtümer und Kriegsbeute zu verbergen hatte, dann befinden sie sich hier. Zeit zum Wegschaffen war nicht geblieben – nur solche zu Verbergen. Alle Fragen ergeben unbefriedigende Antworten. Alle Spekulationen in diesem Zusammenhang enden unrationell. Umso gespannter und neugieriger erwarten wir eines Tages die Wahrheit! „Wo es kein Geheimnis gibt, gibt es auch keine Wahrheit" (Bert Brecht).

Zeittafel zu den Ereignissen im betrachteten Raum

Frühjahr 1936 bis Oktober 1938: Bau des Bunkeramtes Ohrdruf (Amt 10)
Frühjahr 1939 bis Dezember 1939: Bauarbeiten am Eulenberg Arnstadt (Amt 8)
Januar 1944: Beginn konkreter Planungen zum Bau eines Führerhauptquartiers auf dem Truppenübungsplatz Ohrdruf
September 1944: Baubeginn am Sondervorhaben III Olga
November 1944: Sperrung der Straße Arnstadt-Crawinkel
Januar 1945: Erste Luftkämpfe über Thüringen im Raum Steinbach-Hallenberg/Oberhof zwischen modernsten deutschen Jagdflugzeugen und Verbänden der Alliierten
Februar 1945: Verlegung der Stäbe des Heeres, der Hauptorgane des OKW, der Stäbe der Waffengeneräle, der Waffen-SS sowie des NS-Führungsstabes nach Thüringen, Umzug der gesamten Reichsregierung nach Thüringen, Unterbringung der ausländischen Militärattachés in Thüringen, Anlage großer Munitions- und Kampfstoffreserven in Thüringen, u. a. bei Gehren, Martinroda und Ohrdruf, Verlagerung von Kunstschätzen und Devisen nach Thüringen
9. März 1945: Der Reichsführer SS erhält von Adolf Hitler den Befehl, eine neue Unterkunft FHQ im Raum Oberhof zu schaffen. Mit der Durchführung der Bauarbeiten wird SS-Gruppenführer Kammler beauftragt. Gleichzeitig ergeht der Befehl zur teilweise durchzuführenden Verlegung des FHQu.
30. März 1945: Die nach Thüringen verlagerten Dienststellen

setzen sich in die Alpenfestung (Serail) im Raum Berchtesgaden ab

1. April 1945: Die Evakuierung des Lagers Ohrdruf beginnt

3. April 1945: Die Amerikaner brechen in Thüringen ein

4. April 1945: Erste Spähtrupps der Armee Patton erreichen die Wachsenburg

5. April 1945: Gotha, Ohrdruf und Mühlberg sind besetzt

8. April 1945: Arnstadt und Stadtilm werden besetzt

7.-9. April 1945: Die 89. Infanteriedivision der 3. US-Armee besetzt das Bunkersystem im Jonastal

9.-10. April 1945: Kampfgruppen der 6. SS-Gebirgsdivision und Wehrmacht kämpfen im Raum Ohrdruf-Crawinkel. Crawinkel wird gehalten. Die militärische Lage im betrachteten Raum ist unübersichtlich

12. April 1945: Die Generäle Eisenhower und Patton besichtigen das Lager Ohrdruf

13. April 1945: Erfurt und Weimar werden eingenommen. Im Ohrdrufer Raum sind die Kampfhandlungen nahezu beendet

16. April 1945: Die Amerikaner haben ganz Thüringen besetzt

1. Juli 1945: Die Russen lösen die Amerikaner in Thüringen ab

NACHDENKENSWERT:

Im April 1945 entdecken die Amerikaner in Stadtilm erstmals einen Atomreaktor. Im Juni 1945 testen die Amerikaner eine Atombombe.

Im August 1945 bombardieren die Amerikaner Hiroshima und Nagasaki.

MIT AMERIKANISCHEN BOMBEN?

Gedanken nach mehr als fünfzig Jahren

Eigentlich schildern die vorangegangenen Ereignisse Bestrebungen des Menschen, sich im Schoß der Erde zu verkriechen. Wohlgemerkt, nicht Bestrebungen des Höhlenmenschen, sondern des modernen Menschen, des Menschen zu Beginn der Raumfahrt und des Einsatzes der Massenvernichtungswaffen. Kein Zeitabschnitt der Menschheitsgeschichte ist so vom Wunsch nach dem Verkriechen geprägt. Lange Zeit schien es, als ob das höchstentwickelte die Erde bewohnende Wesen sein Höhlendasein vergessen hätte. Besinnung auf Flucht vor Unglück und Angst nach mehr als zweitausend Jahren... Vergleichbar mit der Sehnsucht des Einzelnen nach der Geborgenheit und Wärme des Mutterleibes ... Hinein in die Tiefe, in die scheinbare Sicherheit. Wirklich in die Sicherheit? Oder in die Mausefalle?

Bis heute ist es nicht gelungen, scheinbare Ungereimtheiten, schamhaft „Rätsel" genannt, um das Dritte Reich zu entschlüsseln. Das Bestreben dazu scheint streckenweise so hilflos, dass der Interessierte am wahrhaften Willen zur Lösung zweifeln muss.

Zu DDR-Zeiten war das Verbergen leicht: sämtliche für den Historiker und Interessierten zu durchforstende Gebiete und Räume waren durch irgendwelche Doktrine versperrt und damit unzugänglich. Das Eindringen in diese Areale galt als gefährlich und chancenlos, etwaige Erkenntnisse und überlieferte Zeitzeugnisse verschwanden.

Nach der Wende erwachte nicht nur das Selbstbewusstsein der Menschen, sondern auch der Sinn für das Vergangene und das Bedürfnis zur Befriedigung von Forscherdrang und Neugier. Ganze Scharen von seriös Interessierten und Dunkelmännern machten sich auf die Suche. Ob mit Erfolg oder erfolglos lässt sich nicht nachvollziehen. Nur Meldungen von Verunglückten drangen an die Öffentlichkeit.

Für den Eingeweihten erstaunlich war der Kreis der Schatzsucher: Wochenende für Wochenende stauten sich die Autos auf den Waldwegen und Parkplätzen des Jonastals – aus dem gesamten Bundesgebiet, an den Kennzeichen ersichtlich. Darunter viele alte, groß gewachsene Herren.

Ob Gegner oder Symphatisant, einen bestimmten Mythos kann man der Zeit vor fünfzig Jahren nicht absprechen. Zu viel ist und bleibt geheimnisvoll. Da ist die Frage nach dem Führerhauptquartier, nach dem Bernsteinzimmer, nach verschwundenen Gemälden, nach einem im Ilmenauer Raum verschwundenen Goldtransport und dergleichen mehr. Und das in einer Zeit, in der an allen Ecken und Enden der Welt Nazigold in ungeheuren Dimensionen auftaucht. Warum sollte dann nicht dem Einzelnen der Zufall hold sein?

Und dann liest man die Ungereimtheiten um die Entwicklung der Atombombe, erfährt von der Existenz futuristischer Waffen, modernster Flugzeugtriebwerke und Raketen sowie radarabweisender Materialien. Alles nur Fantastereien? Und warum dann die Zurückhaltung der Alliierten so lange nach Kriegsende und dazu die rätselhaften Äußerungen einzelner Staatsmänner und Militärs?

Das Sich-in-die-Erde-Begeben der Nationalsozialisten, die „Verlagerung in den Berg" ist keine nur kriegsbedingte Notwendigkeit, sondern Teil einer recht ominösen Theorie von der Existenz der „Hohlen Erde". Dabei ist diese Theorie durchaus wissenschaftlich begründet und beinhaltet die Annahme von Lebensmöglichkeiten außerhalb der Erdoberfläche in den Tiefen der Erde. Nachgewiesen ist das Vorhandensein von weiträumigen unterirdischen Tunnelsystemen auf verschiedenen Kontinenten, so zum Beispiel das hunderte von Kilometern Länge umfassende Transport- und Fluchttunnelsystem der Inkas.

Zugänge zu geheimen Gefilden im Erdinneren existieren an den beiden Erdpolen, an den Hängen des Untersberges und im Himalaya. Der Asienforscher Sven Hedin soll auf Geheiß Hitlers in Tibet nach solchen Zugängen gesucht haben. Wie ernsthaft die deutsch-tibetanischen Kontakte damals waren, zeigt die Existenz einer tibetanischen Kolonie in Berlin, deren Mitglieder gemeinsam mit deutschen Einheiten gegen die einrückende Rote Armee kämpften.

Auch das Territorium des ehemaligen Deutschen Reiches ist von tiefgelegenen Tunnelsystemen durchzogen, von denen einzelne Abschnitte in den dreißiger Jahren ausgebaut und genutzt wurden. Beweis dafür sind die unterirdischen Tunnelanlagen des so genannten Ostwalls, heute der Öffentlichkeit noch kaum bekannt.

Im gleichen Zusammenhang erstaunlich sind die Erklärungen, die man für die „Unerforschlichkeit" der unterirdischen Anlagen am Obersalzberg erfährt, obwohl, wie übrigens auch im Jonastal, Angehörige der CIA Erkundung betreiben. Nach über fünfzig Jahren noch ohne Ergebnisse!?

Ohne Ergebnisse verlief auch die Suche nach der deutschen Niederlassung „Neuschwabenland" in der Antarktis, angelegt und ausgestattet als Fluchtburg in den Jahren 1938/39 für die deutsche Reichsregierung und „arisches Erbgut" sowie als Aufbewahrungsort und Entwicklungsbasis für hoch technisiertes Kampfgerät. Nachgewiesen ist in diesem Zusammenhang das Verbringen von modernster Bohr- und Bergwerksausrüstung in die Eiswüste durch das deutsche Schiff „Schwabenland".

Als die Amerikaner unter Leitung ihres Admirals Byrd nach Kriegsende deutsche Basen in der Antarktis vernichten sollten, verloren sie nach Aussagen Byrds eine bisher noch nicht bekannt gegebene größere Anzahl von Flugzeugen und Piloten durch „eine Macht, der sie nichts entgegenzusetzen hatten".

Immer wieder gibt es Zeitungsmeldungen über Unfälle und Tod von neugierigen Schatzsuchern und Journalisten, die mit Eigeninitiative versuchen, den hier geschilderten Geheimnissen auf die Spur zu kommen.

Fantastisch und kaum glaubhaft auch die Verschwiegenheit der ehemals Beteiligten. Die heute schon sehr alten Herren sind unter keinen Bedingungen bereit, Einzelheiten ihrer ehemaligen Tätigkeit oder gar Örtlichkeiten zu beschreiben. Auch Verwandtschaft oder enge freundschaftliche Beziehungen ändern daran nichts. Wie viel Zeit wird noch vergehen müssen, bis wir alles erfahren?

Mit Abstand betrachtet

Für den in den Nachkriegsjahren Eingeschulten und in der Planwirtschaft realsozialistischer Prägung Großgewordenen und Erzogenen erscheinen die ökonomischen und politischen Verhältnisse der Jahre 1933-1945 rätselhaft, verwirrend und unplanmäßig.

Eine bis in die heutige Zeit primitive und vordergründige Propaganda, oft gesteuert von Siegermoral, verzerrt das Bild eines Staates, der sich selbst als unüberwindlich und ewig, als Drittes Reich deutscher Nation dargestellt hat.

Als Andenken sind im eigentlichen Sinne nur die Schrecken erhalten geblieben, die in den modernen Medien tägliche Ausstrahlung erfahren und für ein Niemalsvergessen Vorsorge betreiben. Der dazu bewegte Apparat erreicht industrielle Dimensionen und wahrscheinlich auch Umsätze.

Galt die Beschäftigung mit der Zeit des Nationalsozialismus früher im Osten Deutschlands als tendenziös und verdächtig, mehren sich nach der politischen Wende Neugier und Bestreben Einzelner, die Wahrheit über diese Zeit zu erfahren bzw. Geheimnissen und vermeintlichen Rätseln auf die Spur zu kommen. Es ist ein Irrtum anzunehmen, dass solche Bestrebungen überall auf Gegenliebe stoßen. Schnell mussten und müssen Beteiligte erfahren, dass sie ungewollt in Konfrontation mit den verschiedensten Interessengruppen der beteiligten Seiten an diesem Zeitgeschehen geraten.

Da ist auf der einen Seite die Vielzahl der Zwangsarbeiter und Häftlinge, die aktiv mitwirken mussten und dabei Leben und Gesundheit verloren, da sind als Gegenpol dazu Überlebende der anderen Seite, die in Publikationen die Öffentlichkeit suchen und sich zu rechtfertigen wissen, und da sind die ehemaligen Alliierten, lange Jahrzehnte durch politische Grabenkämpfe zu Gegnern geworden, und heute wieder scheinbar fast vereint.

Alle Gruppen haben zwar Interesse an der Aufdeckung von Details, aber kaum an der Wahrheit als Ganzes! Hier gilt der Vergleich mit den Rosinen im Kuchen.

Gänzlich im Dunklen tappt derjenige, der fünfzig Jahre nach Kriegsende unter Nutzung endlich demokratischer Verhältnisse versucht, Ungereimtheiten in der Größenordnung ehemaliger Vorhaben wie unser Titelobjekt, aufzuklären.

Obwohl es in den Grenzen des ehemaligen Dritten Reiches rund zwanzig derartiger riesiger Bauvorhaben als „unterirdische Fabriken, Führerhauptquartiere u. ä." gab, beschäftigt sich nur eine Handvoll Menschen verschiedenster Coleur und Interessen damit, sind die veröffentlichten Erkenntnisse nur aus wenigen Publikationen zu ersehen und überdies zum großen Teil nur auf Mutmaßungen und Spekulationen aufgebaut. Unterstützung staatlicher Stellen bzw. ehemaliger Armeearchive der Alliierten unterbleibt – fünfzig Jahre nach Kriegsende!

Dieses Verhalten der verantwortlichen Stellen, das Veröffentlichen bzw. die Verfälschung von Fakten, wenn es gar nicht anders mehr geht, die heute noch übereinstimmende Haltung der ehemaligen Verbündeten zum Problem, lassen den Schluss zu, dass die zu bewahrenden Geheimnisse auch nach verflossenen

Jahrzehnten in ihrer Brisanz noch furchtbar sein müssen. So bleibt der Kreis der Suchenden und Interessierten offiziell klein und unter sich. Erst die Veröffentlichung zu Nebenschauplätzen, so geschehen in Verbindung mit der Suche nach dem Bernsteinzimmer oder verschollener Beutekunst, lässt die Öffentlichkeit aufhorchen.

Wer die Zeit des Nationalsozialismus verstehen will, muss sich mit dem Aufbau von Staat und Wirtschaft beschäftigen. Er muss nach den Ursachen forschen, die es ermöglichten, diese in der deutschen Geschichte einmalig abnormen Erscheinungen zu organisieren, sie einer scheinbaren Blüte zuzutreiben, um sie dann nach nur zwölf Jahren Bestand im Chaos eines Weltkrieges als Wirtschaftsgebilde, Staat und Ideologie wieder verschwinden zu sehen. Als Ideologie noch nicht ganz ...

Rational und logisch kann man diese Aufgabe nicht angehen. Zu viele Ungereimtheiten, zu viel Chaos und scheinbar Unverständliches begegnet dem Bemühten schon in der Entstehungsphase dieses Staates. Da ist dieser in keiner Weise zu verstehende Hass auf eine Volksgruppe. Da ist diese nicht zu verstehende Überheblichkeit gegenüber Andersdenkenden und scheinbar Andersartigen. Und dabei bleibt es nicht bei der bloßen Formulierung von Hassäußerungen. Da wird dieses Denken kanalisiert, in Gesetzen und Verordnungen artikuliert, um am Ende ganze Völker und Rassen zu isolieren, zu unterdrücken, zu vernichten.

Dabei entsteht ein Kuriosum: genau die hier genannten gegnerischen Parteien bilden die Partner bei der Umsetzung streng geheimer Bauvorhaben mit riesigen Dimensionen. Absolute Siegeszuversicht ließ scheinbar keine Angst vor Verrat aufkommen.

Um solche Dinge organisatorisch absichern zu können, musste sich das deutsche Volk selbst streng organisieren. Klare Strukturen, klare Gliederungen, Übersichtlichkeit und die Uniformierung des täglichen Lebens als äußerer Ausdruck der Bemühungen, Überwachtheit, allgegenwärtige Erfasstheit – das sind Voraussetzungen für scheinbares Funktionieren des Volkskörpers.

Die Ordnung der Wirtschaft fehlt. Es fehlt – und daran wird sich nichts ändern – ein wirtschaftliches Programm, es fehlt die ökonomische Grundidee, es fehlen bzw. sind nicht offensichtlich die ökonomischen Machthebel zur Umsetzung von Ideen. Und es fehlt der funktionierende Apparat. Das, was von Schwärmern und Verfechtern dieser Jahre als Ordnung und Diszipliniertheit, als Planmäßigkeit und umgesetzte Willenskraft dargestellt wird, ist in Wahrheit ein Chaos aus Machtgerangel, Funktionsgewimmel, Organisationsdschungel, Fantasie und Ideenmärchenwelt. Durchzusetzen nur mit Macht, Gewalt und Angst.

Das System bleibt trotz anfänglicher Erfolge weit unter seinen wirtschaftlichen Möglichkeiten. Erst in den letzten Kriegsmonaten wird es dem jungen Minister Speer gelingen, jahrelang brachliegende Ressourcen zu erschließen. Aber da ist es schon zu spät.

Nimmt man heute eine Lexikon jener Zeit her und versucht, die Vielzahl der Ämter, Würdenträger, Ränge und Organisationen zu begreifen, steht man vor einer schier unlösbaren Aufgabe. Allein der Versuch, Dienstgrade und Ränge der einzelnen Organisationen und Gliederungen zueinander zu relativieren usw. Welcher Rang in der SS entsprach dem im Heer, in der Marine, der SA, dem NSKK, der OT, der DAF – man braucht Stunden, um die Einzelheiten der Uniformierung, der Ausstattung, die Unterstellungsverhältnisse und deren Folgen zu begreifen.

Dabei waren Uniform und Ränge nicht nur der Männerwelt vorbehalten, auch Frauen waren als Mädels, Mütter, Krankenschwestern, Fronthelferinnen usw. hierarchischen Strukturen unterworfen. Aber das waren Nebenerscheinungen. Vielleicht kann man ein Volk, und besonders das deutsche, nicht umfassender und gründlicher disziplinieren, als wenn man jedem Einzelnen einen schon im äußeren Habitus ersichtlichen Platz zuweist? Die Nachkriegszeit hat bewiesen, dass die Nationalsozialisten eifrige Nachahmer fanden.

Ohne Zweifel war das Volk diszipliniert. Auch dann noch (oder vielleicht trotzdem), als deutsche Städte, Kulturgüter und Produktionsanlagen zertrümmert wurden, die angeschlagene Wirtschaft dennoch funktionierte und sagenhafte Produktionssteigerungen ermöglichte. Und als es darum ging, die Millionen von Fremdarbeitern, die die Hauptlast der deutschen Wirtschaft trugen, im Zaum zu halten. Unvorstellbar, wenn diese Millionen im deutschen Kernland ihre Macht genutzt hätten. Troja in

Vollendung – die echte Dolchstoßlegende! Was hielt also die Menschen, das deutsche Volk in seiner überwiegenden Mehrheit von Renitenz gegen ein Zwölf-Jahres-System, davon die Hälfte Kriegszeit, ab? Beginnen wir mit der Vorkriegszeit.

Das Chaos der Weimarer Republik, die Inflation, die Demütigung allen Deutschseins, die Massenarbeitslosigkeit und die unverschuldete Verelendung der einfachen Menschen hatten ein Hasspotenzial gegen alles Regierende geschaffen und den Hunger auf Neues geweckt.

Das neue System kam in Gestalt junger, unternehmungslustiger Leute, unverfroren forsch, respektlos. Und sie griffen sichtbar durch: drastische Maßnahmen zur Senkung der Kriminalität, Besinnung auf die persönliche Würde, Abbau der Massenarbeitslosigkeit in kurzem Zeitraum, Schaffung eines Beschäftigungsprogramms für Alle und Jeden, Aufbau der ruinierten deutschen Wirtschaft – sichtbar für jeden Deutschen und für das Ausland. Wer fragte da schon nach dem Wie? Wer hörte da schon auf die Kommunisten und ihren realitätsfremden Ruf nach einem Sowjetdeutschland?

Der nationale Aufschwung war da, sichtbar im Bau von Autobahnen, dem Ausbau des Verkehrsnetzes, der Entstehung riesiger Industrieanlagen, der Erzeugung neuer Stoffe wie Gummi, Benzin und Fasern, dem Aufbau einer nationalen Forschung mit dem alleinigen Zweck der schnellen Umsetzung der Ergebnisse.

Und das alles unerhört unkonventionell: keine sich streitenden Parteien, Kabinette, Gremien, kein Geplänkel um vorhandene oder nicht vorhandene Gelder und andere Hindernisse, nichts dergleichen. Wirtschaft allein als Ausdruck des Willens eines Einzelnen – des Führers und Reichskanzlers Adolf Hitler, verkündet auf regelmäßig abgehaltenen gigantischen Massenversammlungen, übertragen bis in den letzten Winkel durch das neue und jedem zugängliche Medium Rundfunk. Der Führer spricht! Das deutsche Volk hört und gehorcht.

Und dieser noch nicht einmal Fünfzigjährige, umgeben von jungen Militärs und Würdenträgern, dieser Volksschüler, Bohemien, verkannte Künstler, nicht sehr erfolgreiche Soldat, Gasthausredner und was noch mehr, dirigiert den deutschen Staat, die deutsche Wirtschaft. Unfassbar für Juristen, Ökonomen,

Wissenschaftler und Bankiers in den Schaltstellen der Wirtschaft.

Und die preußische Militärkaste? Adlige, Junker, Studierte? Hitler macht sie gefügig, zwängt sie ein in ihren eigenen Gehorsam, ihre vielgerühmte Disziplin, bricht mit Tabus, Privilegien und schafft neben der Wehrmacht eine Elite, eine riesige Formation von Militärathleten, von Politsoldaten und wie man sie später noch nennen und beschimpfen wird, schafft den Kerngedanken einer europäischen Armee, in der nur jeder zehnte Kriegsteilnehmer deutscher Abstammung ist, aber alle für die deutsche Sache kämpfen. Und deren Offiziere aus dem Volk kommen, deren Generäle noch im ersten Krieg im Mannschaftsstand gedient haben, jetzt Brigaden und Divisionen leiten. Ohne Militärakademie. Dafür ist später noch Zeit. Erst muss gesiegt werden.

Das alles imponiert. Scheinbare Chancengleichheit, scheinbare Harmonie zwischen Volk und Regierung. Gelebt und immer wieder heraufbeworen bei Aufmärschen und anderen Mammutveranstaltungen.

Es ist ein Irrtum zu glauben, nur die Nationalsozialisten verstünden sich in diesen Jahren auf Massenpropaganda. Der anfängliche Verbündete und Förderer des Nationalsozialismus Dshugaschwili, gleichfalls Massenmörder und Judenhasser, der selbst ernannte Vater der sowjetischen Eskimos, Turkvölker, Russen, Ukrainer und der übrigen zwangsrekrutierten Völker, verfährt nach dem gleichen Rezept.

Adolf Hitler will den Vielvölkerstaat, Stalin hat ihn schon. Eine Ironie, zu welchen Ergebnissen fehlende Absprachen in der Geschichte führen können. Noch eine größere Ironie, dass über fünfzig Jahre nach Kriegsende der Verlierer Deutschland den Untergang des Sowjetimperiums ohne eigene Anstrengungen erleben wird. Als reicher und in Maßen wohltätiger Bruder.

Wäre Adolf Hitler in dieser Phase der scheinbaren nationalen Erneuerung verstorben, er wäre als der größte deutsche Staatsmann in die Geschichte eingegangen. Aber er lebt. Er überlebt sogar sämtliche Attentate. Davon gibt es über vierzig. Einige, wie wir wissen, nicht ungeschickt eingefädelt. Ernste Blessuren geschehen Hitler nie. Er hat, wie er immer wieder betont, keine Furcht vor dem Schicksal, glaubt unerschütterlich an die eigene

Berufung. „Meine Mutter war eine einfache Frau, aber sie hat dem deutschen Volk einen großen Sohn geschenkt", wird er einmal sagen.

Trotzdem hat er Ängste, unterliegt Depressionen, misstraut Jedermann. Nicht ohne Grund, wie wir heute wissen. Er versucht sich gesund zu ernähren, pflegt seinen Körper, unterwirft sich Scharlatanen von Ärzten und verschleißt zusehends. Jahrzehnte währende vier- bis sechsstündige Schlafphasen und Zwanzigstundentage übersteht niemand. Auch nicht das Genie des Führers.

Adolf Hitler hat Angst vor dem Alter. Er ist bald fünfzig Jahre und hat noch viel vor. Niemand kann annehmen, dass Industriepotenzial und Autobahnen der Produktion und Logistik deutscher Luxusgüter dienen sollen. Er betont immer wieder: Was wird nach ihm? Er weiß, dass Staat und Wirtschaft mit seiner Person steigen und fallen werden.

Hitler muss sich beeilen. Seine persönliche Zeitplanung sieht einen Ruhestand ab dem Jahr 1953 vor. Dann wird er sich in sein geliebtes Linz zurückziehen und nur noch den Künsten widmen. Natürlich wird er sich weiterhin mit Städtearchitektur befassen, wird das monumental erweiterte Berlin erleben und sich auch dem technischen Fortschritt nicht verschließen. So seine Lebensplanung. Seine Zukunfts- und Altersangst macht die deutsche Planlosigkeit noch mehr planlos.

In der noch nicht annähernd abgeschlossenen Aufbauphase der deutschen Wirtschaft beginnt Hitler Kriege. Gewinnt sie anfangs. In den ersten Auseinandersetzungen seine Gegner verblüffend richtig einschätzend, verliert er den Sinn für die Realität, weitet die kriegerischen Auseinandersetzungen aus, verwaltet auf unnötig brutale Art und Weise besetztes Land. Vergisst und versäumt dabei, Völker für Deutschland zu gewinnen. Stößt Symphatisanten und Freunde von sich. Wird eigenbrötlerisch, vereinsamt.

Sein 50. Geburtstag ist für ihn eine Katastrophe. Scheinbar ist er kreativ und schöpferisch: neben dem Krieg und der Planung von Panzerschlachten betreibt er Städteplanung großen Stils, eröffnet Ausstellungen, umgibt sich mit Poeten, Malern, Musikern, Architekten und Bildhauern. In Gesprächen verblüfft er durch technisches Wissen, sein Denken in Details und seine Logik.

Trotzdem wächst die Zahl seiner Fehler, nehmen seine Fehleinschätzungen zu. Er überschätzt seine militärischen Fähigkeiten – die er ohne Zweifel besitzt – und mindert mit seinen Siegen über ökonomisch schwache Länder die deutsche Substanz. Deutschland „siegt sich schwach".

Der grundlegende Überlebensfehler passiert ihm 1943. Er versäumt es, das Stalinsche Angebot über einen Separatfrieden anzunehmen und den Russlandfeldzug, ohne das Gesicht zu verlieren, zu beenden. Er schätzt Stalin, den so Wesensverwandten, falsch ein. Stalin ist zutiefst enttäuscht. Ein einmaliges Bündnis kommt nicht zu Stande.

Die Folgen sind für Deutschland katastrophal. Während es sich aber im geschichtlich kurzen Zeitraum vom Besiegten zum Sieger entwickelt, wird sich die Sowjetunion von ihrem Sieg über Deutschland nie wieder erholen. Die Funktionäre der nachstalinschen Aera führen die Union durch Wettrüsten und Misswirtschaft in den Ruin. Einem Gorbatschow wird es vorbehalten sein, das sowjetische Staatsgebilde und seine Satrapen zu demontieren und den Kommunismus als Legende in die Geschichtsbücher zu verbannen. Und der Hitlersche Fehler wird die Landkarte nachhaltig verändern: Die traditionellen Siedlungsgebiete von Millionen deutscher, polnischer, tschechischer, ungarischer, russischer und rumänischer Menschen werden mittels Neufestlegungen der Ländergrenzen aufgehoben, neue Staatenbünde formieren sich, auf politischer Ebene erfolgt eine scharfe und langandauernde Polarisierung.

Dank der Vorarbeiten Hitlers und Stalins werden die Juden einen eigenen und starken Staat bilden, werden sich zur Speerspitze der USA im Nahen Osten entwickeln, werden die Araber selbstbewusster und zu potenten Kriegsauslösern, verlieren die Weltmächte und Kolonialländer England und Frankreich international an Bedeutung.

Kleine und bisher politisch kaum wahrgenommene Staaten nutzen die ihnen zur Verfügung stehenden Finanzen und rüsten hochtechnologisch auf, entwickeln selbstständig Träger- und Massenvernichtungswaffen, bedrohen die Welt. Es entsteht der Begriff der „Schurkenstaaten". Das war also der Lohn für die Stalinschen Gunstbezeigungen gegenüber Deutschland: Die sowjetische Hilfe für deutsche Militärs bei der Umgehung der

Festlegungen des Versailler Vertrages, der deutsch-sowjetische Geheimvertrag, die gemeinsame Aufteilung Polens, die Auslieferung in der Sowjetunion befindlicher deutscher Kommunisten an die Gestapo, vielleicht auch die Ermordung Dimitroffs und der Verzicht auf die Überstellung des deutschen Kommunistenführers Ernst Thälmann nach Moskau.

In dieser Phase des Russlandfeldzuges häuft sich nicht nur die Fehlerrate Hitlers, er wird auch zusehends störrischer und neigt zu Fehlinterpretationen. Dazu gehören insbesondere falsche Einschätzungen zur Entwicklung militärischer Technik und Wissenschaft, wobei aber seine Entscheidungen mit Abstand weitsichtiger und konzeptionell ausgereifter sind als die Überlegungen seiner so genannten Spezialisten. Seine Vorstellungen zukünftiger Waffenentwicklungen auf Schiffen, zu Land und in der Luft sollen sich in der Nachkriegszeit als einzig richtig erweisen. Das Gleiche gilt für sein Bild zukünftiger Waffengänge unter Einbeziehung einer von ihm anfangs strikt abgelehnten internationalen Streitmacht unter deutscher Führung.

Desgleichen verblüffen seine Aussagen zu Entwicklungen auf den Gebieten der Medizin und Biologie. Und wer weiß schließlich heute noch, dass das von ihm angestrebte europäische Staatengebilde „Europäische Wirschaftsgemeinschaft" heißen sollte?

Genau an dieser Stelle beginnt die Tragik und endet die deutsche Tragödie: An der Schwelle der Nutzbarmachung der von ihm geförderten Entwicklungen fehlt Hitler die Zeit zu deren Durchsetzung. Mitten in die notwendigen Umstellung auf eine neue Waffengeneration – zum ersten Mal in der Militärgeschichte mit Massenvernichtungswirkung unter Einbeziehung der feindlichen Mutterländer und der Verschonung deutschen Territoriums – fällt die katastrophale militärische deutsche Niederlage. Zu ihrer Abwendung hat er alles nur erdenklich Notwendige getan, hat sich zuletzt im noch nicht von den Alliierten besetzten und ihm verbliebenen kleinen Raum um Arnstadt in die Erde begeben, in der Hoffnung, dass wenige Meter Beton und Gestein noch zur Rettung werden.

Gleichzeitig gelten national und international alle Bemühungen einem einzigen Ziel: der Stabilisierung der Fronten, der Suche nach Bündnispartnern unter den Gegnern, um Zeit zu gewinnen.

Wenige Tage und Wochen würden schon genügen. Alles ist im Raum Arnstadt vorbereitet. Aber auch der größte Optimist muss erkennen, es ist zu spät. Die Fronten können nicht gehalten werden, die Bemühungen Schellenbergs, Himmlers und Görings um Separatfrieden sind fruchtlos.

Nachdem Hitler diese für ihn vernichtende Erkenntnis gewinnen musste, verlässt er das Jonastal und kehrt in die Reichskanzlei zurück. Die in Hotels, Schlössern, Burgen und Erholungsheimen des Thüringer Waldes ausharrenden ausländischen Vertretungen sehen dem Kriegsende mit Gelassenheit entgegen.

Der als Sinnbild für den Vertrag von Versailles lange Zeit in Berlin ausgestellte und zuletzt auf Crawinkler Gleisen stationierte Eisenbahnwagon aus dem Wald von Compiegne wird von der SS gesprengt.

Der Ohnmachtsrundumschlag Deutschlands ist ausgeblieben. Thüringens Wälder, Berge, Schlösser und Burgen waren als Endzeitkulisse des Zweiten Weltkrieges vorgesehen. Berührt vom Wirken der deutschen Dichterfürsten und des großen Reformators. Geblieben sind Geheimnisse, Ungereimtheiten, Verdunkelungen und Verdummungen. Und Neugier und Spekulation.

Gewinner und Verlierer im Jahre 2000

Der Verlierer Deutschland ist ein Staat mit absoluter Hegemonie. Mit seiner ökonomischen und militärischen Stärke gehört er zu den modernsten Staaten der Welt. Trotz hoher Arbeitslosigkeit und wachsendem Ausländeranteil garantiert die Bundesrepublik Deutschland ihren Bewohnern eine hohe Lebensqualität.

Der Antisemitismus des Dritten Reiches hat zur Etablierung des Judentums der Welt in einem modernen und sowohl ökonomisch als auch militärisch erfolgreichen Staat Israel geführt. Sämtliche Versuche zur Zerschlagung dieses Staates sind fehlgeschlagen. Im Ergebnis des Zweiten Weltkrieges sind die Juden nach Jahrtausende währender Vertreibung und Verfolgung zu einer Nation geworden.

Eine geschickte Immigrationspolitik verhindert Stagnation im Bevölkerungswachstum. Der außenpolitische Einfluss Israels ist international bedeutend.

Großbritannien hat im Ergebnis des Krieges seinen Status als Weltmacht eingebüßt. Das ehemalige Empire ist krisengeschüttelt und hat mit innenpolitischen Schwierigkeiten zu kämpfen. Das Irlandproblem ist noch immer ungelöst.

Frankreich hat als Staat eine absolute Statusminderung erfahren. Obwohl militärisch und ökonomisch stark und selbstbewusst auftretend, bestehen innenpolitische Schwierigkeiten in Form von Ausländerfeindlichkeit und drohendem Rechtsextremismus.

Die ehemalige UdSSR bietet ein Bild des Chaos. Der Staat scheint unregierbar. Wirtschaftlicher Ruin und Zerfall der moralischen Werte scheinen unaufhaltsam. Die ehemalige Völkerfamilie ist zerstritten, alte Konflikte öffnen sich und führen zu brutalen Kriegshandlungen. Das ehemals reiche Land ist zum Almosenempfänger verkommen.

Mit dem Untergang der Sowjetunion ist die Idee vom Weltkommunismus begraben worden, es gibt keine kommunistischen Staaten mehr. Die Legenden und Mythen um die Helden der Oktoberrevolution, des Bürgerkrieges und des Weltkrieges werden von der heutigen Generation belächelt und nicht mehr verstanden. Die Ideale der ehemaligen sowjetischen Jugend haben sich grundlegend gewandelt, Konsumverhalten und Egoismus sind an die Stelle kommunistischer Ideale getreten. Es besteht die Gefahr des Rechtsextremismus und Antisemitismus. Wie in allen postkommunistischen Staaten auch gewinnen Kirchen und religiöse Strömungen Einfluss auf das öffentliche Leben. Die Legenden um Lenin und Stalin sind entmystifiziert. 50 Millionen tote Regimegegner bzw. Angehörige nationaler Minderheiten seit der Oktoberrevolution stimmen nachdenklich.

Die Vereinigten Staaten von Amerika versuchen immer noch, die Welt unter Kontrolle zu halten. Trotz erfolgloser und umstrittener Kriege und innenpolitischer Auseinandersetzungen sind sie ein starkes Staatengebilde und nach dem erfolgreichen Totrüsten der Sowjetunion militärisch dominant.

Die amerikanische Wirtschaft ist stabil und weltweit bestimmend. Das amerikanische Nationalbewusstsein ist ungebrochen.

Im Ergebnis des Zweiten Weltkrieges haben sich die politischen Konstellationen stark verändert: Die Supermacht Sowjetunion ist untergegangen, das ehemalige Ziehkind China scheint neue Supermacht zu werden. Eine neue Dritte Welt mit ausgeprägtem nationalen Bewusstsein ist entstanden.

Nach dem Zusammenbruch des Titoregimes führen nationalistische und separatistische Bestrebungen auf dem Gebiet des ehemaligen Jugoslawiens zu Bürgerkriegen, denen ohne die massive Einflussnahme der Großmächte und internationaler Organisationen die Ausuferung droht.

Der Islam etabliert sich als Weltreligion.

Die Ideologie des Nationalsozialismus existiert noch immer. Nicht nur in Deutschland selbst sind die alten Ideale noch nicht vergessen. Es scheint nur eine Frage der Zeit zu sein, dass infolge des Fehlens anderer Vorbilder aus randgläubigen Gruppen heraus irgendwo in der Welt eine staatliche Etablierung erfolgt.

Abstand zu den Ergebnissen des Krieges, neue Betrachtungs- und Denkweisen haben bei Siegern und Besiegten als auch bei Außenstehenden zu neuen Interpretationen des Kriegsverlaufs und der Ergebnisse geführt. Als Resultat solcher Überlegungen gibt es u. a. realere Einschätzungen zu militärischen Handlungen und zu den Leistungen der deutschen Militärs und Waffenentwickler. Auch zu dem Gedanken europäischer Streitkräfte. Und nicht zuletzt gibt es Zweifel an der Siegerjustiz von Nürnberg, dem Verhalten der Alliierten untereinander und gegenüber dem besiegten deutschen Volk. Auch Betrachtungen zur Geschichte wandeln sich ...

Fassetten

Frau G.

Stets, wenn es das Wetter zulässt, sitzt die alte Frau G. an ihrem Fenster. Die Luft aus dem nahen Wald strömt herein, die gegenüberliegenden Vorstadtgärten grünen, die Vögel singen in den Straßenpappeln, das hausnahe Flüsschen plätschert. Die gleichen Geräusche und Gerüche seit Jahrzehnten. Seit über sechzig Jahren auch der flutende Verkehr stadtein- und auswärts. Reine Gewohnheitssache für die alte Dame.

So lange sie denken kann, bewohnt Frau G. den ersten Stock des kleinen Mietshauses. Früher, als sie noch besser auf den Beinen war, noch zu Lebzeiten ihres Mannes, besaß die Familie G. einen kleinen Berggarten mit herrlicher Aussicht am Hang des in die Stadt mündenden Tals. Aber das ist lange her.

Am Fenster zu sitzen bedeutet für Frau G. keinesfalls Müßiggang: stets arbeitet sie an ihrer Nähmaschine. Auch das schon ewig und ein gewohnter Anblick für die Nachbarn. Frau G. ist Weißnäherin. So nähte sie, was gerade anfiel: Früher Bettwäsche, dann kamen Reparaturen, als es den Leuten nicht so gut ging, im Babyboom der Nachkriegszeit Kinderbettwäsche und Ausstattungen für Babykörbchen. Eine Zeit lang sogar Puppenkleider.

Frau G. ist vielseitig. Und Frau G. ist beliebt. Häufig bekommt sie Besuch von Nachbarn und Freunden, sogar von Halbwüchsigen, die sie gern anhört und die von ihr Ratschläge bekommen. Auch kleine Geschenke, denn die erhalten bekanntlich die Freundschaft.

Aber was können alte Leute schon groß verschenken? Die Rente von Frau G. ist klein. Immer Heimarbeit, das bedingt kleine Beiträge. In der Fabrik oder außer Haus hat Frau G. nie gearbeitet. Herr G. ging als Tischler in einen kleinen Betrieb. Auch er verdiente nicht viel.

Trotzdem kann Frau G. schenken. Nichts Besonderes, Kleinigkeiten. Frau G. bekommt nämlich jeden Monat ein Paket aus Amerika. Und das schon jahrelang! Jeder im Haus weiß natürlich, dass die Pakete von Lucie sind, Frau G.s Schulfreundin. Lucie ging als junges Mädchen nach Amerika in einen Haushalt und lebt dort immer noch. Bei ganz reichen Leuten. Die Pakete halfen und helfen Frau G., in schlechten Zeiten konnte sie sogar Kaffee und Schokolade verkaufen. Und die Nachbarn wissen auch, dass Frau G. beim Einrücken der Amerikaner in die Stadt sogar besucht wurde. Von Offizieren, von denen einer Freundin Lucies Neffe war.

Frau G. lässt die Leute in ihrem Glauben. Wie sollte sie auch sonst in einer Nachbarschaft, in der jeder von jedem alles weiß, die Geschenke erklären? Die Leute würden es kaum verstehen, dass die nette, alte Frau G. schon lange vor dem Kriege mit den Amerikanern kooperierte und durch ihre Freundin auf ihre spätere

Tätigkeit vorbereitet wurde. Mit Beginn der 30er Jahre erhielt Frau G. den Auftrag, alle im Raum Arnstadt stattfindenden Aktivitäten des Militärs sowie größere Bauvorhaben zu beobachten und darüber zu berichten. Besonderes Interesse zeigten die Amerikaner für die Vorgänge auf dem nahe gelegenen Truppenübungsplatz.

Die Familie G. begann, ihr Leben im Sinne ihrer Auftraggeber einzurichten: Wanderungen in die Umgebung, Besuche bei Bekannten auf den umliegenden Dörfern und Familientreffen in dem unterhalb der Eremitage gelegenen Bahnhaus bestimmten nun die Freizeit.

Dazu muss man wissen, dass die Familie der Frau G. eine alteingesessene Eisenbahnerdynastie aus Streckenläufern, Schrankenwärtern, Bahnhofsbediensteten und Lokführern war. So erfuhr Frau G. Neuigkeiten über Transporte und den Bau neuer Einrichtungen, z. B. im Raum Ohrdruf-Crawinkel in den 40er Jahren.

Im Jahre 1940 drohte der Idylle eine Unterbrechung, Frau G. erhielt eine Aufforderung zur Arbeit in der Rüstungsindustrie, eine Dienstverpflichtung. Auf Anraten ihrer Auftraggeber nahm die Familie G. ein Heimkind auf. Damit war diese Klippe umschifft, denn Mütter mit Kleinkind waren vom Rüstungseinsatz freigestellt. Jetzt fanden die Wanderungen und Ausflüge mit Kinderwagen statt.

Frau G. war fleißig: Die Amerikaner wussten von den Bauarbeiten am Eulenberg, den Arbeiten im Arnstädter Schloss, im Jonastal, von der Rüstungsproduktion in Arnstädter Betrieben und von Produktionsverlagerungen nach Gotha, Gräfenroda und Friedrichroda. Auch Häftlings- und Zwangsarbeitertransporte wurden registriert.

Da die Kontakte von Frau G. nur eine bestimmte Klientel umfassten, entgingen ihr entscheidende Vorkommnisse, so z. B. die Einrichtung eines Atomlabors im nahen Stadtilm und der Besuch Adolf Hitlers und anderer Nazigrößen im März 1945 in Luisenthal.

Sieht man von Häftlingsberichten ab, scheint Frau G. die einzige amerikanisch-britische Quelle im Raum Arnstadt gewesen zu sein. Ihre Funksignale verwandelten sich bei den Amerikanern in Target-Information-Sheets und dienten u. a. der Einweisung der Bomberpiloten für ihre Zielanflüge auf Thüringen. Tragischerweise kam bei der Bombardierung Arnstadts Frau G.s Lieblingsnichte ums Leben, ihr Bruder verstarb gleichfalls als Lokführer bei einem alliierten Bombardement.

Auch die Zerstörungen in Friedrichroda am 6. Februar 1945 waren Frau G.s Werk. Herr G. hatte durch einen Kollegen von der Produktion eines Nurflüglerjets in diesem Ort erfahren. Tatsächlich brachten die Amerikaner bei ihrem Einmarsch in Friedrichroda eine komplette Maschine dieses bisher unbekannten Flugzeugtyps auf.

Mit Beendigung des Krieges wurde die Tätigkeit von Frau G. nicht mehr benötigt. Die Amerikaner holten das Funkgerät ab. Frau G. ist jetzt in den 90ern. Trotz der vielen Näharbeiten in ihrem Leben sind ihre Augen noch in Ordnung. Sie nimmt alles auf, liest Zeitungen, hört Radio, sieht fern. Berichte über Kriege stimmen sie nachdenklich.

Herr Dr. K.

Eigentlich müsste es heißen: Herr Baudirektor Dr. Ing. K. oder in besten Zeiten: Dr. Ing. K., SS-Obergruppenführer und General der Waffen-SS.

Ein ranghoher Offizier, bedeutender Bauingenieur und vor allem Techniker. Genialität und hervorstechendes Organisationsvermögen werden ihm nachgesagt. Und natürlich Fleiß. In den letzten Tagen des Krieges sind ihm sogar Speer und Göring unterstellt. Allein Hitler und Himmler sind seine Vorgesetzten. Er ist damit der dritte Mann im Reich.

Aber das ist bereits im April 1945, und vom Reich fehlen schon große Stücke. Trotzdem. Ein sehr bedeutender Mann. Noch heute, viele Jahre nach Kriegsende, ist der Name den meisten Deutschen unbekannt. Auch in Nachschlagewerken und biografischen Sammlungen fehlt der Name Dr. K.

Im Verlaufe des Nürnberger Prozesses beruft sich nur Albert Speer auf ihn als Experten: „Da müssen Sie Dr. K. fragen" sagt der Reichsrüstungsminister. Aber die Alliierten hören entweder gar nicht hin oder wollen nicht nachfragen. Auch sie kennen Dr. K. (scheinbar noch) nicht, suchen ihn auch nicht.

Dr. K. erinnert mich an eine ähnliche Figur auf dem Schachbrett der Politik, nämlich an Herrn Sch.-G. Auch er hatte im richtigen

Moment die richtigen Ideen und half dem maroden Wirtschaftssystem der DDR auf die Beine. Auch ein bisschen mit Waffen schien er zu tun zu haben. Natürlich nicht zu vergleichen mit Herrn K. Auch er unbekannt, sah man ihn das erste Mal in einem Fernsehinterview am Ende der kleineren deutschen Republik. Massig, elegant und freundlich operierte er mit Wirtschaftszahlen und verfügte für einen Staatssekretär über ein erstaunliches Wissen.

Mein damaliger Chef, dunkelrot von Gesinnung (bis zum Umzug zu seiner bis zur Wende verschwiegenen alten West-Erbtante) hatte die Sendung gesehen und schlussfolgerte im Kaffeepausengespräch: „Da kann mir einer sagen, was er will – mit dem stimmt was nicht!" Was sich später als politisch weitsichtig und richtig erweisen sollte.

Im Gegensatz zu Herrn Sch.-G. konnte Herr Dr. K. seinen Lebensabend nicht wohl behütet (und wohlausgestattet) im bayrischen Exil verbringen, sondern verschwand bis heute spurlos (was nicht schwer war, denn er wurde ja auch nie gesucht). Sogar vier leere Gräber hat er hinterlassen.

In Friedenszeiten war Herr Dr. K. Flugzeugkonstrukteur. Nach seinem Wechsel in das Reichsluftfahrtministerium wurde er Oberregierungsrat, nach Abwerbung durch den Talentsucher Himmler für den SS-Apparat avancierte er zum Amtsgruppenchef und stieg in kurzer Zeit vom Standartenführer zum Obergruppenführer auf. Eine beachtliche Karriere für einen Vierzigjährigen.

Dr. K. unterstand jetzt das gesamte Bauwesen von SS und Polizei. Konzentrationslager, Verpflegungsdepots, Munitionsbunker und Kasernen waren nun an Stelle von Flugplatzeinrichtungen gerückt.

Ab dem Jahre 1943 gab es einen Sonderstab Kammler, ab 1944 schon den Beauftragten des Reichsführer SS Kammler. Kamm-lers Macht wuchs noch mehr, als Adolf Hitler nach den Ereignissen des 20. Juli 1944 Himmler zum Befehlshaber des Ersatzheeres ernannte. In Ergänzung zu den Speerschen Maßnahmen errichtete Kammler für die SS neue Waffenfabriken und verlagerte bestehende Produktionen „in den Berg". Eigene Bautrupps und Armeen von Häftlingen schufen Erfolge. Diverse Sonderaufträge, wie die Bauten im Kohnstein bei

Nordhausen und im Jonastal bei Arnstadt sowie andere unterirdische Anlagen zur Produktion von Rüstungsgut wurden unter K.s Leitung vehement vorangetrieben.

Im Einverständnis mit seinem Chef, dem Reichsführer SS Heinrich Himmler, verfolgte Dr. K. den Aufbau einer SS-eigenen Waffenentwicklung und -produktion. Ziel war die Erstel-lung einer vollkommen neuen Waffengeneration unter Ausnutzung der neuesten Erkenntnisse von Physik und Chemie.

In den Skodawerken Pilsen entstand eine Denkfabrik, die verblüffende und geniale Entwicklungen realisierte. Führende deutsche und ausländische Wissenschaftler und Techniker schufen neue Werkstoffe, Waffen, Antriebe und Massenvernichtungsmittel, geheim gehalten durch die Alliierten bis in die Jetztzeit. Hier liegen die Anfänge der Laserwaffen, Atomantriebe, bemannter und unbemannter interglobaler Raketen. Bis heute zehren Russen und Amerikaner von diesen waffentechnischen Entwicklungen. Die modernen Raketen, Marschflugkörper, Zieleinrichtungen, Optiken, Lenksysteme und Flugzeuge der damaligen Alliierten gehen sämtlich auf die Skodaleute zurück.

Erbeutete Turbinen- und Strahljets erreichten trotz relativ einfacher Konstruktion bisher nie erreichte Gipfelhöhen und Geschwindigkeiten. Die Technologien ließen, mit Ausnahme der Motorenfertigung, Bau und Montage in normalen Tischler- und Schlosserwerkstätten zu.

Dr. K.s Vision unterschied sich von den Speerschen Rüstungsanstrengungen durch Weitblick: Abwehr der alliierten Bomberpulks über Deutschland durch einfache und billige, dabei aber hochwirksame und zielgenaue Boden-Luft-Raketen und Zerschlagung der gegnerischen Restkräfte durch Strahl- und Turbinenjäger aus großen Höhen heraus mit Geschwindigkeiten jenseits der 1 000-Stundenkilometergrenze, Bombardierung der gegnerischen Hauptstädte mittels Atombomben, getragen von Interglobalraketen.

Folgerichtig übernahm Dr. K. im September 1944 die Heeresraketeneinheiten Gruppe Nord und Gruppe Süd und forcierte deren Ausrüstung und Modernisierung.

Bis zum 31. 12. 1944 gingen auf London und Antwerpen 1 561 V2-Raketen nieder (mit einer Fehlerrate kleiner als die der

US-Raketeneinsätze gegen den Irak im Jahre 1996). Zu Beginn des Jahres 1945 übernahm Dr. K. von der Luftwaffe die 5. Flakdivision (V1-Raketen). Dr. K. war nun kommandierender General eines Armeekorps z. b. V. und nur noch Hitler persönlich unterstellt.

Am 9. März 1945 wurde K. durch Führerbefehl der Ausbau einer Stellung „Neue Unterkunft Führerhauptquartier" übertragen. Es unterliegt keinem Zweifel, dass diesem Bauvorhaben im Jonastal bei Arnstadt kriegsentscheidende Bedeutung zugedacht war. Die Anwesenheit von Spitzen des Reiches sowie Atomphysikern, Raketenspezialisten und Ballistikern von Rang und Namen unterstützt diese Annahme.

Das schnelle Vorrücken der Russen in den Berliner Raum und die plötzliche Änderung der Stoßrichtung der Amerikaner auf Thüringen und Sachsen ließen eine Beendigung der Arbeiten im Jonastal nicht mehr zu. Unter dem Schutz von SS-Einheiten wurden im letzten Moment Räumungen und Verblendungen vorgenommen und zwar trotz Eile so gründlich, dass bis heute Unklarheit über Umfang und Zweck der Anlagen besteht. Geblieben sind Rätsel um Personen und unterirdische Baulichkeiten.

Am 3. April 1945 traf sich Dr. Kammler ein letztes Mal mit Hitler und Speer in Berlin. Während ihn seine mehrere hundert Wissenschaftler und Techniker umfassende Gruppe unter Führung Wernher von Brauns in Oberammergau erwartete, setzte sich Dr. K. wahrscheinlich in die Kampfzone der Armee Schörner in den Prager Raum ab. Seit 17. April 1945 gibt es keine verlässlichen Nachrichten über seinen Verbleib.

Mein Freund L.

L. kenne ich schon so lange, dass mir der Termin unserer ersten Bekanntschaft nicht mehr erinnerlich ist. Auch ihm ist dieser Tag entfallen, wie so viele in seinem Leben. Aber das ist bei alten Leuten normal. An bestimmte Ereignisse kann man sich nicht mehr erinnern, andere, völlig unbedeutende, bleiben fest im Gedächtnis haften.

Den Anlass unseres Zusammentreffens aber wussten wir beide noch, nämlich unsere gemeinsame Leidenschaft für das Angeln. Aus Gesprächen und Erfahrungsaustauschen am Wasser wuchsen

Vertrauen und Freundschaft. Wir besuchten uns, unsere Frauen schwatzten miteinander, ich war zum Kaffee willkommen. L. war für mich so etwas wie ein väterlicher Freund geworden. Als ich nebenbei noch erfuhr, dass er vor dem Krieg aktiver Jäger gewesen war, rückten wir noch näher zusammen. Noch heute besitze und hüte ich einige seiner Jagdbücher.

Obwohl schon über die siebzig, war der alte Herr noch äußerst aktiv. Ich hatte oft Mühe, beim morgendlichen Forellenfischen und, damit verbunden, beim Überklettern von Weidezäunen, Durchwaten von Bachläufen und dem Herumkriechen in Ufergestrüpp mitzuhalten. In L.s großem und massigen Körper schien eine Menge Energie zu stecken. Auch eine gewisse Aggressivität bemerkte ich an ihm: Bei irgendwelchen nichtigen Streitigkeiten reagierte er überfallartig und völlig überzogen, sodass seine Partner entweder sofort aufgaben oder sich entfernten.

Ein Ereignis ist noch in meiner Erinnerung: An einem schönen Maitag waren wir gemeinsam an einem Gewässer bei dem Ort Crawinkel angeln, wegen der Nähe der sowjetischen Garnison auch „Klein-Moskau" genannt. Hier fischten nicht nur Deutsche, sondern auch sowjetische Offiziere, oft auch in Begleitung ihrer Familien. Ich hatte schon bemerkt, dass L. einen abgrundtiefen Hass gegen die „Russen" hegte, konnte diesen aber nicht teilen, da mir diese stets zuvorkommend und höflich begegnet waren. Aus seiner Abneigung machte L. keinen Hehl, auch diesmal nicht. Als uns ein Offizier seinen selbstangefertigten Köder anpries und schenken wollte, nahm L. ihm diesen aus der Hand und warf ihn laut schimpfend in das Wasser. Der Offizier, ein Panzermajor, reagierte erstaunt und entfernte sich betroffen von uns. Mir war dieser Vorfall peinlich und unangenehm, da Freundlichkeit so übel vergolten wurde. Als ich L. zur Rede stellte, reagierte er weiter mit Schimpfkanonaden, unter denen das Wort „Russenschweine" noch harmlos war.

Ein ähnlicher Vorfall ereignete sich wenige Monate später, als L. die Angelerlaubnis eines jungen Oberleutnants kontrollierte und, da dieser das Papier nicht gleich fand, dessen Angelgerät zerbrach und wegwarf. Der Offizier fand endlich seine Erlaubnis – er war Mitglied eines der örtlichen deutschen

Brb.Nr. 44 /45 gKdos.Adj.F.

Führerhauptquartier,den 27.3.1945.

17 Ausfertigungen :
12.Ausfertigung.

Betr.: Strahlflugzeuge.

Geheime Kommandosache

An

Verteiler.

―――――――――――――――

Der Einsatz von Strahlflugzeugen hat die absolute überlegenheit über die feindlichen Maschinen erwiesen.

Es kommt jetzt darauf an, diesen Vorteil schnellstens
durch Bereitstellung von genügenden Strahlflugzeugen zur
Brechung des Lufterrors auszunutzen.

Dies kann nur durch Zusammenfassung aller verfügbaren
Mittel des Reiches unter einer straffen Führung erfolgen.

Diese Aufgabe steht an Dringlichkeit vor allen anderen
militärischen und wirtschaftlichen Maßnahmen.

Um dieses Ziel zu erreichen, erteile ich dem SS-Obergruppenführer und General der Waffen-SS Dr.Ing.Hans Kammler
folgenden Auftrag :

1) Führung aller bis zum Einsatz erforderlichen Entwicklungen, Erprobungen und Fertigungen von Strahlflugzeugen
   und der zum Einsatz notwendigen Versorgungsmittel im
   Bereich des Reichsministers für Rüstung und Kriegsproduktion.

2) Führung aller bis zum Einsatz von Strahlflugzeugen erforderlichen Voraussetzungen im Bereich des Reichsministers
   der Luftfahrt und Oberbefehlshabers der Luftwaffe.

3) Die bisher auf dem Gebiete der Strahlflugzeuge im Bereich des Reichsministers für Rüstung und Kriegsproduktion
   erteilten Vollmachten gehen auf SS-Obergruppenführer und
   General der Waffen-SS Dr.Ing.Kammler über.

*Mit diesem Befehl erhielt Kammler sämtliche Vollmachten für
die Produktion von Strahlflugzeugen*

Der Generalbevollmächtigte des Oberbefehlshabers der
Luftwaffe für Strahlflugzeuge wird ab sofort SS-Obergruppenführer und General der Waffen-SS Dr.Ing.Kammler unterstellt.

4) SS-Obergruppenführer und General der Waffen-SS Dr.Ing.Kammler
ist mir für die Durchführung dieses Auftrages persönlich
unterstellt und hat dazu alle Vollmachten. Er bedient sich
hierzu staatlicher Kommandodienststellen, Behörden und Einrichtungen der Wehrmacht, der Partei und des Reiches, die
seinen Weisungen Folge zu leisten haben.

Der Führer
ges. Adolf Hitler

Der Reichsminister für . Der Reichsmarschall
Rüstung und Kriegsproduktion des Grossdeutschen Reiches
ges. Speer ges. Göring

Für die Richtigkeit :

Oberst,
Adjutant der Wehrmacht beim Führer.

Original   1.u.2.Ausf.

Verteiler:

Reichsmarschall	3.Ausf.
Reichsminister Speer	4. "
Chef OKW	5. "
Ob.d.M.	6. "
Reichsführer-SS	7. "
Chef der Reichskanzlei	8. "
Leiter der Parteikanzlei	9. "
Chef WFST	10. "
Chef Genst.Heer	11. "
Chef Genst.Luftwaffe	12. "
SS-Obergruppenführer und General der Waffen-SS Kammler	13. "
General d.Fl. Kammhuber	14. "
Ministerialdirektor Dorsch	15. "
Hauptdienstleiter Saur	16. "
Adjtr.d.Wehrm.b.Führer	17. "

Angelvereine – und wies sie vor. Ich nahm ihn beiseite, entschuldigte mich und erklärte unsere Bereitschaft, den entstandenen Schaden zu ersetzen. Er lehnte ab.

Folgen für uns hatten beide Ereignisse nicht. Es wäre für die Besatzer leicht gewesen, uns anhand der Autonummern zu identifizieren und irgendwelche DDR-Dienststellen zu informieren. Es wäre aber auch denkbar, dass wir von den durchtrainierten Soldaten eine Tracht Prügel bezogen hätten, und das nicht einmal zu Unrecht.

Ich hatte auch bemerkt, dass der sonst freundliche und entgegenkommende L. empfindlich auf alle Fragen reagierte, die den letzten Krieg betrafen. Speziell zu seiner Teilnahme an den damaligen Ereignissen wollte er partout nichts sagen. Als ich ihm einmal, da er gern las, Bücher zur Kriegsgeschichte mitbrachte, musste ich diese unausgepackt wieder mit nach Hause nehmen.

Irgendetwas passte da nicht zusammen und ich beschloss, der Sache auf den Grund zu gehen. L.s Frau U. waren meine angedeuteten Fragen unangenehm. Sie wich mir zunächst aus, sagte mir dann aber, dass ihr Mann nicht als Soldat am Krieg teilgenommen hatte, sondern „hier in der Nähe" eingesetzt war. Mehr war aus ihr nicht herauszubekommen, wollte ich unsere Beziehung nicht gefährden. Von einem mir bekannten Staatsanwalt erfuhr ich schließlich bereitwillig vom Vorleben meines Freundes. L. war im Krieg als Angehöriger der SS-Verfügungstruppe in Buchenwald und später in den Außenlagern um Arnstadt tätig gewesen. Als Wachhabender und Aufseher zeichnete er sich durch Zynismus und Brutalität aus. Zu Kriegsende wurde er gefasst, von den Russen verurteilt und nach Sibirien verbracht, bis ihn Adenauer zusammen mit den letzten Kriegsgefangenen wieder nach Deutschland holte. Auch hier wurde nichts aus seiner Freiheit. Man verurteilte ihn nochmals zu einer hohen Zuchthausstrafe, die er bis in die Sechzigerjahre absaß.

Daher also der Hass gegen alles Russische. Er schien in L. so groß gewesen zu sein, dass ihn auch wahrscheinliche Repressalien nicht schreckten. Jetzt, nach seinem Tode, denke ich, dass ihn wahrscheinlich überhaupt nichts mehr schrecken konnte. Er hatte alle Höhen und Tiefen des Lebens durchlaufen und in alle

Abgründe geblickt. Er lebte illusionslos. Die Waagschale des Lebens ist erbarmungslos und unbestechlich. Geben und Nehmen bestimmen unser Handeln. Oder, anders gesagt, unser Leben gleicht kommunizierenden Röhren: Alles gleicht sich aus.

Die Hüter des Grals

Die Altherrenrunde trifft sich immer am letzten Mittwoch des Monats im Hotel zum S. Früher, bis in die siebziger Jahre, traf man sich in dem idyllisch gelegenen Ausflugslokal vor der Stadt, bis dieses der Spitzhacke zum Opfer fiel. Aus heutiger Sicht ist der Treffpunkt Hotel besser geeignet, denn die beteiligten Herren gehören nicht gerade zu den jüngsten Einwohnern der Kleinstadt. Heute fällt der Mehrzahl der Runde der Gang in die nähere Umgebung schon schwer. Nein, das Hotel ist keine schlechte Lösung.

Am Anfang gab es natürlich Einwände. Würde man nicht auffallen, Neugier wecken zum Zweck der regelmäßigen Zusammenkünfte? Aber der damalige Pächter, der Vater des heutigen Inhabers, konnte die Bedenken zerstreuen. Selbst die misstrauischen DDR-Behörden würden sich kaum um eine Skatrunde im separaten Vereinszimmer kümmern. Und so war es auch.

Nach der politischen Wende fragte niemand mehr nach dem Grund solcher Zusammenkünfte. Wen interessieren schon ein paar skatspielende alte Herren?

Ursprünglich bestand der Kreis der Beteiligten aus siebzehn Personen. Jetzt sind es nur noch deren sechs. Krankheit und Tod haben sich gemeldet. Das ist kein Wunder, wenn man bedenkt, dass wir es mit dem Jahrgang neunzehnhundertsiebenundzwanzig und älter zu tun haben. Mit Recht sind die Alten stolz auf ihre Jahre und ihre Erlebnisse. Und so drehen sich die monatlichen Gespräche denn auch um die Gesundheit, das Geld, die Kinder und Enkel und um die Dinge, die Rentner in aller Welt zu besprechen haben.

Nur von Krieg und Kriegserlebnissen ist kaum die Rede. Ein heimlicher Zuhörer würde den Eindruck gewinnen, dass unsere Herren von solchen Ereignissen der Weltgeschichte nichts halten oder aber nie daran beteiligt waren. Das verwundert etwas. Das Wort führt heute Herr M. Er ist ein rüstiger Endsiebziger, war früher Architekt und Bauunternehmer und stammt aus Oppeln. Neben ihm sitzt der ehemalige Finanzangestellte Herr K. Ihm sieht man das Alter an, er geht etwas gebückt und benutzt einen Stock. Auch Herr K. ist kein Hiesiger, er stammt aus Pommern. Der ehemalig Oberförster des Städtchens, Herr Z., kam erst in den fünfziger Jahren hierher, direkt aus der Gefangenschaft in Russland. Seine Heimat liegt im Egerland, noch heute ist der Dialekt nicht zu überhören. Rosig und etwas dick sitzt Herr T. in der Runde. Man sieht ihm an, dass er dem Leben auch die guten Seiten abringen konnte. Trotz Gefangenschaft und Arbeit im russischen Bleibergwerk strahlt Herr T. Frohsinn und Optimismus aus. Seiner Kontaktfreudigkeit und seinem Unternehmertum ist es zu verdanken, dass gleich seiner Familie auch andere sudetendeutsche Flüchtlinge am Ort heimisch wurden, ihr mitgebrachtes Wissen und Können umsetzten und in der neuen Heimat eine neue und erfolgreiche Industrie gründeten. Die gleichfalls anwesenden Herren A. und G. arbeiteten früher als Meister im Betrieb des Herrn T.

Nach außen hin vereinen Skatspiel, der persönliche Zusammenhalt und das frühere Wandern unsere alten Herren. Mit einer Ausnahme duzen sich alle untereinander. Diese Ausnahme bildet Herr M. Er wird respektvoll gesiezt, und niemand käme auch nur auf den Gedanken, ihm ins Wort zu fallen. Herr M. ist die Respektsperson der Runde.

Bis zu diesem Stand unserer Schilderung ist der von uns betrachtete Personenkreis eigentlich vollkommen belanglos und nicht der Beachtung wert. Sechs Rentner von Millionen in Deutschland. Die Wahrheit steckt hinter der scheinbaren Normalität und ist schon interessant. Und, so ist anzunehmen, in Deutschland auch nicht einmalig. Unsere alten Herren sind nämlich ausnahmslos ehemalige SS-Chargen und waren zu Ende des Krieges sämtlich mit Organisations- und Baumaßnahmen im Stab Kammler beschäftigt. Noch vor dem Zusammenbruch des Reiches erhielten sie gleich vielen Anderen Marschbefehle und Papiere für bestimmte Orte, hatten diese anzulaufen und wurden dort von ansässigen und schon etablierten ehemaligen Kameraden mit Wohnraum und Arbeit versorgt. Bis in die sechziger Jahre entstanden so unerkannt neue Existenzen. Über Jahrzehnte hinweg fielen diese Männer weder deutschen

Behörden noch Besatzungsinstanzen auf. Auch unter DDR-Verhältnissen wurde die Arbeit absolviert. Unauffällig und gewissenhaft erfüllten sie ihren letzten Auftrag, der nun Lebensinhalt war: die Inspektion und Wartung gesprengter und getarnter Anlagen des Reiches. Sämtliche in Thüringen vorhandenen Objekte wurden und werden so überwacht und vor Fremdeingriffen geschützt. Letzteres ist dann nicht mehr Aufgabe unserer alten Herren. Dank einer hervorragenden Organisation und der Disziplin aller Beteiligten hat die Öffentlichkeit niemals von diesen Vorgängen erfahren.

Natürlich gab es auch Schwierigkeiten: In den sechziger Jahren wurde der Kamerad Sch., der entgegen den Regeln in seinen Heimatort R. zurückgekehrt war, durch einen dummen Zufall entdeckt. Da er als Unterführer in einem Konzentrationslager als Angehöriger der Verfügungstruppe Dienst getan hatte, wurde er von einem ehemaligen Häftling erkannt und verhaftet. Sch. wurde wegen seiner KZ-Vergangenheit hingerichtet. Offenbar hat niemand von seinem Auftrag erfahren, denn die Arbeit konnte ungehindert weitergehen.

Als schwierig erwies sich die Überwachung der Objekte, die auf Liegenschaften der sowjetischen Truppen bzw. der Volksarmee der DDR installiert waren. Dazu gehörten auch der Truppenübungsplatz Ohrdruf, der über vierzig Jahre von den Sowjets verwaltet wurde, ein Raketengelände der Nationalen Volksarmee bei Gotha und eine weit verzweigte Bunkeranlage im Raum Kahla, die zum Ministerium für Staatssicherheit gehörte. Aber auch hier wurden Lösungen gefunden, in der Mehrzahl durch Forstbedienstete, die die Wälder in den betroffenen Gebieten bewirtschafteten.

Die regelmäßig erstellten Inspektionsberichte und Fotos gelangten zu DDR-Zeiten durch den Rentnerbesuchsverkehr in den Westen, nach der Wende kamen die westdeutschen Inspektoren selbst vor Ort.

Nach der Wiedervereinigung erwachte in vielen Waldbesuchern, nicht zuletzt ausgelöst durch Meldungen der Boulevardpresse und durch unbedacht geäußerte Vermutungen von Politikern, die Schatzfindersucht. So führten die Jelzinschen Äußerungen über den Verbleib des Bernsteinzimmers zur Gefahr der Entdeckung einzelner Objekte in den Räumen um Arnstadt und

Ilmenau. Plötzlich stand Thüringen im Mittelpunkt des Interesses in- und ausländischer Spekulanten, Neugieriger und Abenteurer. Aber auch diese Gefahr ging vorüber, unerwartet dank der Hilfe der ansässigen Behörden, die aus noch unbekannten Gründen energisch die Hobbyschatzsucher zu behindern wussten.

Jetzt scheinen alle Gefahren abgewehrt. Die Bedenken zur Entdeckung der Geheimbauten bestehen dennoch und werden nie ganz verschwinden. Auch in der Zukunft ist Schutz vor der Öffentlichkeit notwendig. Doch was kommt nach den alten Kämpfern? Schon jetzt finden die Inspektionen der unterirdischen technischen Anlagen durch eingereiste Nichteinheimische statt. Noch vor zwei Jahren war das die Arbeit des verstorbenen Kameraden L.

Herr M. ist optimistisch. Der ehemalige Standartenführer hatte zu Beginn der neunziger Jahre Besuch vom ehemaligen Reichsjugendführer A., der bestens über die Arbeit der ostdeutschen Kameraden informiert und mit den Gegebenheiten vertraut war. Er versprach Abhilfe und ein neues, lückenloses Überwachungssystem. Ganz zerstreuen konnte er die Bedenken seiner Arnstädter Treuen nicht. Die alten Gralshüter sind in Sorge.

Verwendete Literatur

Tom Agoston: Teufel oder Technokrat? Verlag E. S. Mittler und Sohn GmbH, Herford 1993

Ulrich Brunzel: Hitlers Geheimobjekte in Thüringen. Heinrich-Jung-Verlagsgesellschaft mbH, Zella-Mehlis/Meiningen 1998

Ulrich Brunzel: Beutezüge in Thüringen. Heinrich-Jung-Verlagsgesellschaft mbH, Zella-Mehlis/Meiningen 1999

Udo Dietmar: „Häftling ... X ... in der Hölle auf Erden!" Thüringer Volksverlag G.m.b.H., Weimar 1946

Harald Fäth: 1945 - Thüringens Manhattan-Projekt. CTT-Verlag, Suhl 1998

Dieter Hoffmann: Operation Epsilon. Rohwoldt, Berlin 1993

Klaus Hoffmann: Otto Hahn, Biografie. Verlag Neues Leben, Berlin 1978

Kogon, Eugen: Der SS-Staat. Kindler Verlag GmbH, Reinbek bei Hamburg 1974

Hans-Georg Kühn: KZ Buchenwald - Verbrechen der SS-Ärzte - hygienische Bedingungen. Buchenwaldhefte der Nationalen Mahn- und Gedenkstätte Buchenwald, Weimar-Buchenwald 1988

Heinz Kühnrich: Der KZ-Staat 1933-1945. Dietz Verlag, Berlin 1983

Rudolf Lusar: Die deutschen Waffen und Geheimwaffen des 2. Weltkrieges. Marketing und Technik Verlag, Engen Reprint 1991

Henry Picker: Hitlers Tischgespräche. Ullstein, Frankfurt/M. 1989

Gerhardt Remdt/Günter Wermusch: Rätsel Jonastal. Heinrich-Jung-Verlagsgesellschaft mbH, Zella-Mehlis/Meiningen 1998

Karl-Heinz Zunneck: Geheimtechnologien, Wunderwaffen und die irdischen Fassetten des UFO-Phänomens. CTT-Verlag, Suhl 1998

Inhaltsverzeichnis

1 Häftlingstransport
2 Bahnhof Crawinkel
3 Gesprengte Stollen-
   eingänge im Jonastal

4 Der Kienberg von Crawinkel aus
5 Der Eulenberg bei Arnstadt
6 Bunkerreste bei Crawinkel (Muna)

7 Unterirdische
  Produktionshallen
8 Häftlingsarbeit
9 Karte des Jonastales

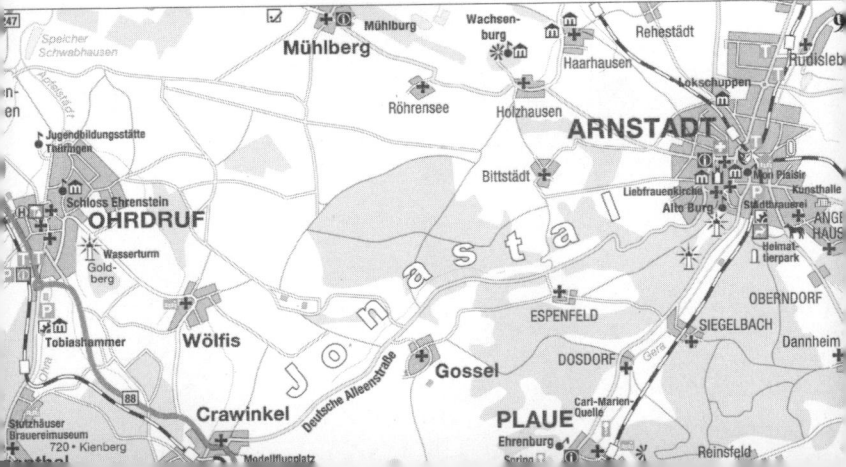

10 Das Kriegsgefange-
nenlager Ohrdruf
im 1. Weltkrieg

11 Das Innere der
Baracken

12 Gerüste zur Lei-
chenverbrennung im
Nordlager

13 So fanden amerika-
nische Soldaten das
Nordlager im April
1945 vor

"DAMIT GOTHA LEBEN KANN
MUSS ICH STERBEN!"

JOSEF
RITTER VON GADOLLA

GEBOREN   14. 11. 1897

HINGERICHTET   5. 4. 1945

16

14 und **15** Der spätere
US-Präsident, Gene-
ral Eisenhower, be-
sichtigt am 12. April
1945 das Lager S III

16 Gedenktafel am
Schloss Friedenstein
zur Erinnerung an
die versuchte kampf-
lose Übergabe
Gothas

17 Denkmal im Jonas-
tal für die Opfer von
S III

18

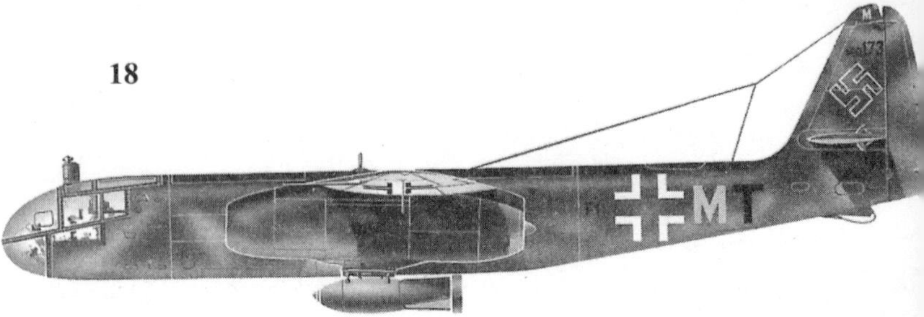

19

20

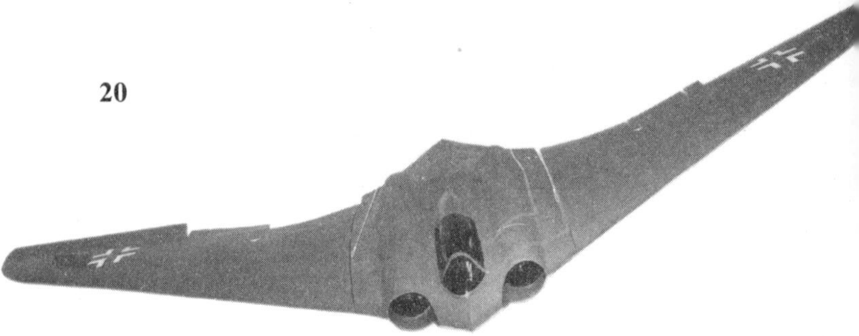

Letzte Waffenentwick-
lungen:
18 Arado Ar 234
19 Messerschmidt Me
262
20 Nurflügel-Strahljä-
ger Horten IX V3
(Go 229)
21 Strahltriebwerk
Jumo 004 B2, Antrieb
der Horten IX

21

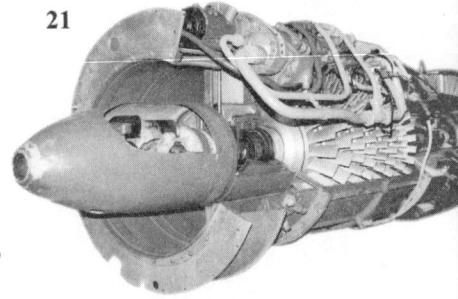

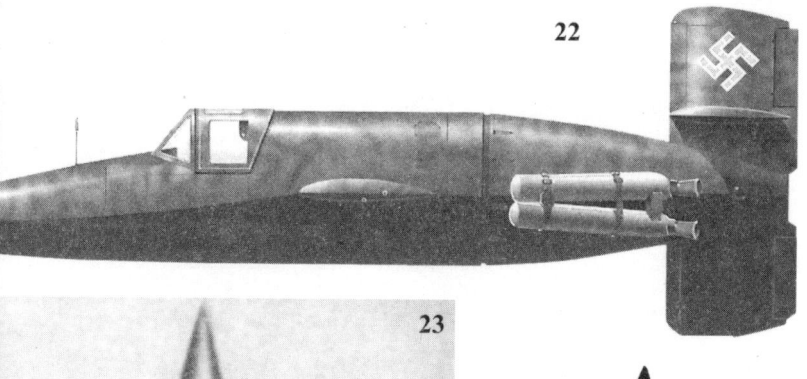

22

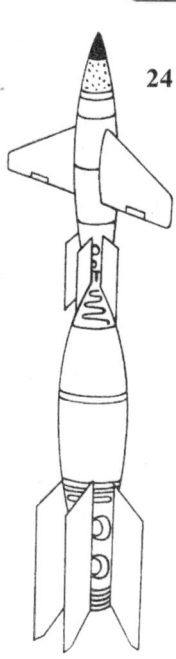

23

24

Letzte Waffenentwick-
lungen (Forts.):
22 Bachem Ba 349
    Natter
23 Ballistisches Ge-
    schoß V2
24 Interglobalrakete
    A9/A10

25 Prof. Dr. Walther
   Gerlach
26 Dr. Kurt Diebner
27 Dr. Hans Kammler

ESCHER TASCHENBUCH

Martin Stade
Vom Bernsteinzimmer in Thüringen

escher
by
RHINOVERLAG

Martin Stade
**Vom Bernstein-
zimmer in Thüringen**
978-3-939399-99-5
260 S.; Br.
12 cm x 19 cm
3. Auflage
12,00 €

Der Schriftsteller Martin Stade, bekannt durch den Roman „Der König und sein Narr", erzählt überaus sorgfältig und kenntnisreich vom Abtransport des Bernsteinzimmers aus Königsberg bis in die Müllerschen Kasernen in Weimar. Die Namen der beteiligten Offiziere werden zum ersten Mal in der Öffentlichkeit genannt. Ebenso wird über ihre vielfältigen Täuschungsmanöver und über das Legen falscher Spuren berichtet. Auf Tag und Stunde genau kann der Leser den Weg des Fahrzeugkonvois bis zum Einlagerungsstandort bei Weimar nachvollziehen. Darüber hinaus erzählt der Autor von erstaunlichen Ereignissen besonders am Kriegsende in Thüringen, unter anderem von einem Aufenthalt Hitlers in seinem thüringischen Bunker in der Zeit vom 23. März bis zum 2. April 1945. Die Berichte vermitteln ein völlig neues Bild von den letzten Wochen des untergehenden Dritten Reiches. Sie zeigen, dass Thüringen damals am Rand einer Katastrophe stand.

Dietrich & Sven Gildenhaar • **Peenemünde-Ost**
978-3-939399-46-9 • 120 S.; Hc. • 20,5 cm x 20,5 cm
1. Auflage • 16,95 €

Im Raum Peenemünde-Karlshagen auf der Ostseeinsel
Usedom befand sich, bestehend aus der Heeresversuchsanstalt sowie der Erprobungsstelle der Luftwaffe Peenemünde-West, von 1936 bis 1945 das bedeutendste Waffen-
Hochtechnologiezentrum Deutschlands. Die spektakulärste
Entwicklung war das Aggregat 4 [V2]. Im Krieg zerbombt
und von der Roten Armee beräumt, nutzten das Gelände
nachfolgend Luftstreitkräfte und Marine der DDR. In einem Teilareal der Heeresversuchsanstalt lag bis 1990 die
Basis der 1. Flottille der Volksmarine. Die Autoren führen
anhand zahlreicher Bilddokumente durch das für Besucher
zugängliche Gelände der einstigen Heeresversuchsanstalt
[Denkmallandschaft] und erläutern die Funktion der noch
sichtbaren Relikte zweier militärischer Epochen.

Dietrich Gildenhaar • **Peenemünde-West**
978-3-939399-47-6 • 120 S.; Hc., • 20,5 cm x 20,5 cm
2. Auflage • 16,95 €

In und um Peenemünde auf der Insel Usedom befanden
sich mit der Heeresversuchsanstalt und der Erprobungsstelle der Luftwaffe von 1936 bis 1945 die wohl bedeu-
tendsten WaffenHochtechnologiezentren Deutschlands.
Entwickelt und erprobt wurden dort di e A4 [V2]-Rakete,
der Raketenjäger Messerschmitt Me163 oder die Flug-
bombe Fieseler Fi103 [V1]. In der DDR-Zeit war Peenemünde-Karlshagen NVA-Flottenstützpunkt und Standort des Jagd fliegergeschwaders 9 [JG-9]. Der Autor
führt anhand zahlreicher Bilddokumente und Fotografien
durch das für Besucher zugängliche Gelände von „Peenemünde-West", beschreibt noch sichtbare bauliche Relikte
zweier militärischer Epochen und erläutert verständlich
deren einstige Funktionen.

Walter Dornberger • **Peenemünde – Die Geschichte der V-Waffen**

978-3-932081-88-0 • 320 S.; Br. • 12,5 cm x 18,5 cm
1. Auflage • 9,99 €

„Ich entschloß mich zur Niederschrift dieses Berichtes, weil er von einer Erfindung handelt, die mit Sicherheit die Zukunft der Menschheit entscheidend beeinflussen wird."

Dieser erste authentische Bericht über die Geschichte der deutschen Raketenforschung und die Entwicklung der V-Waffen, geschrieben von dem damaligen verantwortlichen Leiter der Heeresversuchsanstalt Peenemünde, liest sich wie ein spannender Roman. Der Band bietet eine Fülle historischer, technischer und politischer Informationen und stellt dar, wie eine sensationelle Erfindung systematisch von einem Brennpunkt aus entwickelt wurde.